中経の文庫

DaiGoメンタリズム
誰とでも心を通わせることができる
7つの心理法則

メンタリスト DaiGo
眉村神也

KADOKAWA

まえがき

こんにちは、私の本を手に取っていただきありがとうございます。メンタリストのDaiGoです。
この本は私の処女作『誰とでも心を通わせることができる7つの法則』の文庫版です。

当時は出版社の強い要求と私の立場が弱かったこともあり、名前こそ出すことはできませんでしたが、この本はメンタリズム研究会スリーコール代表の眉村神也とともに共同で製作したものになります。彼は、当時はまだ未熟な大学院生であった私をサポートし、書籍を作るということはどういう事なのか、を教えてくれました。研究にしか興味がなかった私がメディアの世界に出ることができたこと、そしてメディアからの様々な無茶な要求やここでは書くことができないような苦悩を乗り越え、今こうしてメンタリストとして活動できていることは、親同然に私をサポートしてくれた眉村のおかげです。面と向かって伝えることはなかなかできませんが、この場を借りて感謝の意を伝えたいと思います。

現在、私はビジネスの方向に活動をシフトしていますが、眉村は現在もメンタリストの実践的な経験知をふんだんに利用した、コミュニケーションテクニックや演出、パフォーマンスを眉村神也公式ニコニコチャンネル（http://sp.ch.nicovideo.jp/jinya3）やセミナーなどで指導しています。

そんな彼との共著ですから、最近の私の本にあるような科学的根拠に重きを置いた内容ではなく、メンタリストたちの積み上げてきた実践的なテクニックを中心にした本となっています。そのため、実践で使いやすいという点に関しては優れているのではないかと思います。例えば、現代催眠などの暗示や誘導のテクニックなどの解説が多いのが特徴です。まさに、人の心を操ってみたいと思う方にはうってつけの本ではないでしょうか。

作家の方はほとんどの方がそうだと思いますが、処女作というのは自分でも納得いかない部分や未熟さが目立つものだと思います。この本も、胸を張っておすすめできる内容ではありませんが、他の本にはないメンタリストの実践的経験知を楽しんでいただければと思います。

また、この本ではメンタリストＤａｉＧｏ公式ニコニコチャンネル（http://sp.ch.nicovideo.jp/mentalist）の有料の心理学動画を無料で特典としてプレゼントさせていただきます。専用ＵＲＬ（https://goo.gl/5i5g9c）にアクセスし、お名前とメールアドレスを入力していただければ、動画をプレゼントさせていただきます（カバーのそでにＱＲコードを掲載しておりますので、そちらもご利用ください。また、このプレゼントは予告なく終了する場合がありますのでご了承ください）。

それでは、本編をお楽しみください。

第2章 観察

第3章 アセンブリ

第4章 条件付け

第5章 マッチング

第6章 マーキング

第7章 話法

序章

メンタリズムとは何か？

～７つの心理法則が心を通わせる～

What is the mentalism?

実は隠れた「メンタリスト」はたくさんいる

目の前で、一切手を触れていないフォークが急にグニャッと曲がったら、あなたはどう思いますか？　それも、ついさっき自分自身で、そのフォークが普通の固い金属製であることを確かめたばかりだとしたら……。

私が行うメンタリズムのパフォーマンスは、このように、驚きを生むところから始まります。

人は驚いたとき、それも自分になんら害のない「不思議」によって驚くと、まず虚を衝かれ、次の瞬間には俄然、好奇心を刺激されるものです。同時に、初対面のパフォーマーに対する警戒心が薄れ、自分の理解できないようなことを見せてくれる人として、わずかな畏怖すら抱くようになるのです。

私たちメンタリストは、驚く人々の表情や仕草を観察し、そこからさまざまな情報を読み取ります。そしてそれを基本情報として、次のパフォーマンスへとつなげていきます。

こういった手法を採るのは、私のようなエンターテイメントを目的とするメンタリストだけではありません。実は世のなかには、さまざまな「メンタリスト」がいるのです。占い師やスピリチュアリストはもちろん、探偵や心理カウンセラー、心理セラピストのなかにもいるでしょう。彼らがメンタリストを名乗っていなくても、使っているテクニックは私とほとんど同じです。

まず何かを言い当てる。それによって驚いた相手を観察し、次の情報を引き出す。そしてその情報を、さも自分が特別な力で探り当てたかのように告げると、相手はなぜそれがわかるのか理解できず、混乱して「この人は本物だ」と感じるようになるのです。

何もこれが悪いことだと言っているわけではありません。これにより救われたり心のよりどころを得る人がいるわけですから、世のなかに必要な技術のひとつだと思います。

このとき、相手の情報を読み取るテクニックのひとつとして有名なのが「コールド・リーディング」という話術です。みなさんも一度は聞いたことがあるのではないでしょうか。普通の会話のなかに、巧みに心理誘導のメカニズムを組み込み、相手をコントロールする話術のことです。

メンタリズムには、もちろんこのコールド・リーディングも含まれます。このテクニックについては、偉大なる先輩である石井裕之氏の良著が書店で平積みになっていますので、ここでは多くは説明しません。そういったものに加えメンタリズムでは、心理学や催眠術、奇術、運動力学といった多分野の学問を融合させて、あらゆる角度から人の心を読み、コントロールしているのです。

果たして超能力は存在するのか？

さまざまなジャンルの「メンタリスト」たちは、同様にこうした知識を持っていますし、相手を信用させる技術もあります。

ひとつだけ大きく違うのは、それを科学と呼ぶのか、それとも超能力と呼ぶのか、という点。ここでいう超能力とは、霊感など「人智を超えた不可思議な力」すべてを含むと考えてください。

私の結論を言いましょう。

超能力者には2種類のタイプしかいません。ひとつは、超能力として見せる「技術」を持った人々。もうひとつは、自分自身が超能力者だと信じて疑わない人々です。

一時期、スプーン曲げで注目を集めたユリ・ゲラー氏は、前者に当たります。彼はもともとイスラエルの有名なマジシャンでした。そのテクニックを「超能力」として演出してみせることで大成功を収めたのです。

彼が来日してスプーン曲げを披露したとき、テレビの前の視聴者に向かって「今から念を送ります。スプーンを持っていれば、私の念力でそれが曲がります」と呼びかけました。それによって、視聴者のなかに実際にスプーンを曲げた人がたくさんいたのです。これは多分に催眠的なところがあって、ほとんどの人がしっかり力を入れて曲げたにもかかわらず、自分ではそれを意識していないのです。力を入れたことに気付いていないので、超能力だと信じるわけです。そしてユリ・ゲラーの超人性が各自のなかで強化されていきます。

スプーンが曲がること自体は物理的な話ですが、それが心理的にどういう影響を与えたかという点からみれば、やはり彼は優れたメンタリストだと言えるでしょう。

また、かの有名なインドの霊能者、サイババ氏も、あらゆる事象を超能力としてみせる技術を持ったひとりでした。時代背景もありますが、彼は発展途上の地域において、科学的知識がない人たちに布教することで、多くの人から「神の力だ」と崇められました。

みなさんもテレビなどの映像で見たことがあるかもしれませんが、彼は口上を述べる前に突然、聖なる灰や宝石を出します。それは要するに、相手を驚かせる手続きのひとつなのです。「宝石を出すか」「フォークを曲げるか」という違いだけです。大切なのはむしろそのあとで、相手が驚き、心の鎧を捨てたところから、本当のメンタリズムが始まるのです。

超能力者が行うスプーン曲げや透視術、心を読んだかのようなアドバイスには、すべて先代の超能力者たちが代々受け継いできたテクニックがあります。彼らはそれを学び、習得して、超能力者として自分を見せているわけです。

すべての超能力は、メンタリズムで再現できる

一方、そうした知識や技術を一切学ぶことなく、偶然その不思議な力を手に入れる人もいます。

例えば、「何気なくスプーンを手に取りもてあそんでいるうちに、たいして力を入れていないにもかかわらずグニャッと曲がってしまった」というようなケースです。たまたま力点のポイントに触れただけであったとしても、事前知識がない人にとっては非常に不思議な出来事のはず。ほかの人にやってもらうと、そんなに簡単には曲がらないので、余計に不思議に思います。

また、これは私の「フォーク曲げ」パフォーマンスの秘密を少しばらしてしまうことにもなりますが、「金属のどこが曲がるポイントか」が、触るだけでなんとなくつかめる人たちが存在します。見方を変えれば、その能力自体「超能力」と言い換えることもできるかもしれませんが、彼らはそれを理論的に探求していないだけだと私は

考えています。

あるいは、「家族の誰かがこれから何を言うのか、事前にわかってしまう」というようなケースもあるでしょう。実際それはある程度、理論的に考えれば推測できることなのですが、本人は決してそういう風に筋道立てて推測しているわけではなく、なんとなく感じているだけなのです。

こういう風に、決して理論立てて行動しているわけではないのに、子どもの頃から勘が鋭く、偶然不思議な現象を起こしてしまう人はいるものです。こうした人たちが、「これは超能力だ」と考えるのは当然の結果と言えるでしょう。

しかし、メンタリズムの立ち位置から考えると、本当の意味での「超能力」は存在しないと言わざるを得ません。なぜなら、実際はそこには理論があり、裏付けがあるからです。**催眠や科学、心理学などの知識と技術をもってすれば、実現できない超能力はありません。**

私はそういった知識と技術をもとに超能力を実現化し、パフォーマンスを行っているのです。

ただ、そこにある原理や理論を「科学である」と公表するメンタリストは、比較的珍しい存在かもしれません。あれこれとメカニズムを説明してしまうより、「神秘の力だ」と言うほうが、不思議ですし興味を惹くのは間違いありませんから。

だからといって、メンタリズムが何か目新しい特別な発見や独自の研究にもとづいているのかというと、決してそんなことはないです。

メンタリズムとは、過去から現在までのあいだに、数多くの研究者たちによって発見されたさまざまな心理学や人の特性などの原理を、パーツとして組み込んだひとつのマシンのようなもの。使い手の目的次第で、良い効果を生むこともあれば、悪い効果を生むことだってあります。原理そのものは同じだからこそ、「どう使うか」が決め手なのです。

繰り返しますが、メンタリズムは科学です。そこにあるのは神秘の力ではありません。我々人間の叡智が生み出した学問の結晶であり、実践的な理論なのです。

7つのメンタリズムが心を通わせる

メンタリズムの土台となっている理論は、人間を対象に研究された心理学や運動力学などです。そして、派手な演出や意外性の強いオチなどを要求されない日常生活のほうが、メンタリズムの本領を発揮しやすいとも言えます。なぜなら、**メンタリズムは相手に気付かれず、さりげない会話や動作のなかに暗示を埋め込むことで、相手の心を読み解き誘導しコントロールする技術だからです。**

個別の方法についての詳細はあとの各章で述べるとして、ここでは7つのメンタリズムの大まかな内容と基本的なテクニックの骨子を紹介していきます。

第1の法則　限定状況を見立てる能力「場面把握」

メンタリズムを学ぶ最初の一歩目は、自分の置かれている状況や目的を細かくわけて、限定された情報へと分析していく分析力や客観性の勉強から始まります。

これは社会人の方ならそんなに難しくないでしょう。なぜなら、仕事上で日常的に何気なくやっている基本的なことばかりだからです。

例えば、取引先の会社の目上の人と会う場合、きちんとした身なりでちゃんと挨拶しなければいけない、失礼のない接待場所を予約する、時間に遅れないように行動する……などいろいろと考えますよね。なぜ、そのように考えたのか逆算してみると、最初は「仕事で人と会う」という漠然とした状況があります。それを細分化して分析すると、「取引先の目上の人と会う」「接待で会う」「こちらが接待する」「仕事を取るために会う」といった具合になります。こうしてひとつの物事をいくつものパーツへと分解することで、自分は何をすべきか、どう振る舞うべきかがはっきりしていきます。

またそれぞれの分解されたパーツに対して、答えが出しやすくなります。この作業をどんな場面でも、常に行うことがメンタリズムをマスターする第一歩になります。

第2の法則　心を通わせるための第一歩「観察」

メンタリズムにおける重要なポイントは、まず相手の心理状態を読むことで、そのために何よりも大切なのが、相手をじっくりと「観察」することです。

人は誰かに会ったとき、無意識のうちに相手のことをいろいろと観察しているものです。実際にあなたもそうだと思います。相手が笑顔なのか怒っているのか、警戒しているのかなど、まず表情を見て自分の対応を決めているはず。相手を見るということだけで、数多くの情報が得られることは、経験上、誰でも知っているのです。

ただし、見ることによって得られる情報量は膨大です。表情に加えて仕草、姿勢、話している間の動作といった情報のすべてを把握し、短時間で分析することは不可能だと言えます。

ですから、ただ漠然と見ているだけでは観察の効果はあまり得られません。今必要な情報を的確に、そしてすばやく入手するために必要なのは、**心理学、生理学的に見た場合の「人の感情が表れる部分」を重点的に観察するということ。**逆に言えば、そのポイントをいくつ知っているかで、相手の感情を読み取る力に圧倒的な差がつくことになります。そのテクニックを第2章で詳しく紹介します。

観察は、このあとに紹介するすべてのテクニックの土台となる部分。観察能力の良し悪しで、あらゆるメンタリズム・テクニックの成功率が変わってきます。まずは観察力を身に付けることが重要だと肝に銘じてください。

第3の法則　目線から心を知る「アセンブリ」

第2章で述べる「観察」をもとにしたテクニックとして、非常に重要なのが第3章で説明する「アセンブリ」です。

「アセンブリ」とは、「配置」という意味。**人の思考や感情は、その人の前面に空間的位置が決まっている場合がほとんどです。**

それぞれ人によって変わりますが、例えば「真実は右上を見てから話す」とか、「いいイメージは右横、悪いイメージは左下」といったように、誰もが自分の感情イメージの配置場所を無自覚に決めているものなのです。

それを活用すれば、「常に自分は相手にとっていいイメージの場所にいる」とか、「他社の企画書を悪いイメージ位置に配置する」といった、「アセンブリ・コントロール」というテクニックを使うことができます。

第3章では、アセンブリの把握法やコントロールテクニックを身に付けていきます。

第4の法則　相手の感情を動かす「条件付け」

「アセンブリ・コントロール」で、自分の印象をなんとなく操作できたとしても、それはやはり単なる「印象」に過ぎません。もし相手にはっきりとした意思があれば、その「印象」を確実に植え付けることは難しくなります。

そこで、メンタリズムでは、ここからほかのさまざまなテクニックを駆使して、相手を誘導するための手を打っていくことになります。

第4章で紹介する「条件付け」は、ノーベル賞受賞者イワン・パブロフの条件反射の実験として有名な「パブロフの犬」をベースにしたテクニックです。

メンタリズムのテクニックとしては、**相手に条件（アンカー）を植え付け、相手の感情とリンクさせることで、思い通りの方向に誘導しやすくするというものです。**

アセンブリ（位置）を利用した空間的なアンカーもあれば、ちょっとした動作をアンカーに利用する方法もあります。また、なかには自己催眠的に、あえて自分に条件付けをしてしまうことで、緊張であがるのを防いだり、自信を持って行動できるようにもなります。

第5の法則　フィーリングを構築する「マッチング」

ここからは少しずつ、実践的に、相手の心を直接的にコントロールするテクニックを取り入れていくことになります。

その方法が「マッチング」と呼ばれるもの。

方法は非常に簡単です。**ただ相手の動きを真似ればいいだけ。**ただし、**気付かれてはいけません。**相手の無意識に向けて行うテクニックですから、意識されたらその時点で失敗です。ここでも、相手の様子を把握するための観察力が問われることになります。

例えば一対一でいるときに、相手がお茶を飲んだら、ワンテンポ遅れて自分もお茶を飲む。相手が足を組んだら自分も足を組むといったようなことです。

ほかにも、「相手が言った言葉を繰り返すマッチング」や「呼吸を合わせるマッチング」「考えや表現を合わせるマッチング」など、さまざまな種類があります。

人間は、自分と似たような相手に対しては、無意識に親近感を覚えるものです。こうしたあらゆるマッチングをさりげなく行うことができれば、無意識下であなたと相手との間には信頼関係ができます。

「フィーリングが合う」という言葉がありますが、これはご存じのように「何がどうとは言えないけど、なんとなく気が合う」状態を指します。非常に曖昧な定義であるにもかかわらず、人間関係を構築するうえではかなり重要なポイントです。

普通はなかなか意識して「フィーリング」を合わせることはできませんが、「マッチング」を駆使すれば、誰でも「心が通い合うフィーリング」を作り出すことができます。

第6の法則　相手を思い通りに動かす「マーキング」

「マッチング」によって信頼関係が築けたら、次はいよいよ相手をコントロールする段階です。パフォーマンスの場でいうならば、相手に思い通りのカードを引かせたり、都合の良いものを選ばせるための技術。それを、第6章で学んでもらいます。

マーキングとは、一言で言うなら、「自分が相手に伝えたい部分（内容）を、なんらかの形で強調する」ということです。

「えっ、ただそれだけ？」と思うかもしれません。しかし、再度思い出してください。メンタリズムは、「**相手に気付かれず、無意識のなかに暗示を埋め込んで、相手をコントロールする技術**」です。さりげなく、日常の動作や会話に交ぜてこそのメンタリズムなのです。

人は、きちんと認識できる状態で、「何か」を命令されると、それに反発したい感情が起こりやすくなります。けれども、自分自身で「こうしよう」と思ったことに関しては、反発することはありません。当たり前ですが、誰かに言われたのではなく、あくまでも自分が決めたことだからです。

この場合の「自分自身」は「意識」の状態でしょうか、「無意識」の状態でしょうか。人間は自分が思っている以上に、無意識によって動かされているものなのです。「マッチング」も「マーキング」も、その人間の特性というべきものを利用しています。

あなたがなんとなく「いい人だな」「この人とはなんか合うな」と思ったとき、たいていの場合、そこに明確な根拠はないはずです。あくまでも無意識下の印象に過ぎないのです。

そういった相手の無意識を誘導する非常に有効なテクニックが「マーキング」です。はっきりと口に出して「こうしてください」とは言いません。ですが、会話のなかや仕草にそのメッセージを埋め込み、そして強調することで、相手の無意識に働き掛けるのです。

その結果、相手はこちらの思い通りの行動をとりますが、そのときも「自分でそう思った」「自分自身で決めた」と考えているため、コントロールされたとは思わない。極めて自然にさりげなく、相手を操ることができるのです。どうでしょう、面白そうだとは思いませんか？

第7の法則　実践的でより効果的な「話法」

第7章では、効果的な「話法」のテクニックを紹介していきます。

メンタリズムが人の心を対象にしている以上、多くの場面で「会話」が存在するのは当然のこと。

会話は、人と人との最もわかりやすいコミュニケーションです。それが単なる世間話であったとしても、自分や相手の印象を大きく左右するものです。

こうしたことは、これまでに数多く出版されてきた会話術の本などで広く紹介されているので、ある程度知識をお持ちの方も多いかと思います。

しかし、ここでいう「話法」というテクニックは、単なる「会話」だけの範囲にとどまりません。

メンタリズムのテクニックを駆使し、相手の心を開かせたうえでの会話であることが大切なポイントです。

同じ会話術でも、その前段階（メンタリズムの効果）があるかないかで、成果は大きく変わるものです。

それだけでなく、人間の心理的特性を踏まえて、相手の心の動きを読みながら行う点も大きな違いでしょう。メンタリズム式の「会話術」をひとつでも多くマスターしてもらいたいと思います。

メンタリズムは科学

繰り返しますが、メンタリズムは科学です。ここには膨大な過去の研究結果が凝縮されています。それは、学術的で机上の空論になりがちな研究データを過去の多数のメンタリストたちが実践に移したことで培われてきた学問の結晶とも言えます。

そして、みなさんがそれを生活のなかで実践することで、さらにその技法たちは生きたメンタリズムへと昇華されていきます。いくら調査を重ねても、日常生活において相手を操る「魔法の呪文」は存在しません。メンタリズムを現実的な手段にしているのは、結局のところ、こうした細かい技術、ひとつひとつの積み重ねです。

そのうち何個を理解して覚えて、どれだけ相手に対してアプローチを掛けることができるのか。そのなかでいくつ成功するかはわかりません。しかし何はともあれ、まずはメンタリズムを実行することが大事です。成功したときの効果は計り知れません。

それでは次章から、テクニックをひとつひとつ具体的に解説していきます。メンタリズムの世界をじっくりと堪能してください。

「7つのDaiGoメンタリズム」のまとめ

メンタリズムとは？

心理学、人間の特性、運動力学、催眠を利用して人の心理を読んだり、行動をコントロールするテクニック

第1の法則　**場面把握**
自分の状況を客観的にとらえ分析する

第2の法則　**観察**
すべてのテクニックの土台となる

第3の法則　**アセンブリ**
相手の目線から心理を読む

第4の法則　**条件付け**
相手の感情を動かす

第5の法則　**マッチング**
相手の心に入り込む

第6の法則　**マーキング**
相手を思い通りに動かす

第7の法則　**話法**
実践的でより効果的な会話術

それぞれ単体でも使える。
複合技として使えば、さらに効果が増す。

第1章

場面把握

1st Mentalism
Scene Grasp

「場」を作り、空気を読んで、人を操る

メンタリズムは、相手の心を読み、心を通わせ、誘導してコントロールする技術です。あくまでも相手の心があってこそ成立します。

逆に言うと、心をともなわない動作は読めません。

例えば、首がかゆくなってかくとか、いつもの癖で指先をいじるなど。技術によって反射行動を作り出すことはできても、反射的な無意識行動そのものを「読む」ことはできないのです。

私が行う数字当てのパフォーマンスでは、よく「1から10のなかで、好きな数字を思い浮かべてください」というような質問をします。当たり前のことですが、このように限定すれば、1から10のなかだと5個の奇数と5個の偶数しかありませんので範囲が一気に狭まります。

また、1から10の「なか」でということで、素直な人はたいてい2から8（経験上、

なぜか「9」はまず選ばれません）の「なか」から数字を選びますし、あまのじゃくな傾向が見られる人だと、かなりの確率で1か10を選んだりするものです。こうやってシチュエーションを限定することで、グッと心が読みやすくなるということはおわかりになったと思います。

しかし、あなたは「それはパフォーマンスだからできることで、日常生活では使えないじゃないか……」。そう思ってはいませんか？

決してそんなことはありません。日常生活と一言で表すと漠然と広く感じますが、実際には、ビジネスの打ち合わせ、恋人とのデート、友達との飲み会、後輩から悩み事の相談を受けるなど、どんな状況においてもその時点で、それぞれ場面が限定されているはずです。

そして、**人間の言動には必ず、その場に応じた「ふさわしい言動」と「ふさわしくない言動」があります。それはいわゆる「空気を読む」ということと同じことです。**

そのあらゆる限定された場面で、「ふさわしい言動」や「ふさわしくない言動」を「空気を読んで」選択し使いわける。そうすることで、相手の心理を揺さぶったり、コントロールすることができるのです。シチュエーションを限定し、会話の言葉を選択する。これがメンタリズムのひとつのテクニックです。

言動の使いわけについては、第7章などで詳しく解説しますが、まずは自分の置かれた場面を把握することが大切になります。

言動をしぼり込むためには、相手が初対面なのか、何度か話したことのある相手なのか。その相手に対して自分はどうしたいのか……。

自分が意識的にその状況や場面を把握し、「こういうときにどうするか」を考えていくわけです。

「ちょっと、難しいな」と感じた人も多いでしょうが大丈夫です。

これから、どうすればいいかひとつずつ丁寧に説明していきます。それ次第で相手の信頼を勝ち取ることも、思った通りの展開に持ち込むことも可能になります。

まずは意識として、常に状況把握する目線を持つことがメンタリズムの基本となることを忘れないでください。

「場」を作ることの大切さ

ひとつ、私の失敗談を話しましょう。私のパフォーマンスのひとつに「相手が心のなかで思い浮かべた絵を当てる」というものがあります。

今から話すことは、ちょっと頭の回転がいい方には、大きなタネ明かしのヒントになってしまうかもしれませんが、メンタリズムの良い失敗例なのでお話しすることにします。

某テレビ番組で、あるお笑い芸人のAさんが心に思い浮かべた絵を私が透視するという企画がありました。

冒頭で述べたように、私は超能力者ではありません。テレビでは、「私のメンタリズムはすべてを見通せます！」などと大上段に語っていますが、それも演出やパフォーマンスの内です。それらのセリフは、まるで本物の超能力のように見えるパフォーマンスを提供するエンターテイナーとしてのキメ台詞ですから、もし本当に「宇宙より広いかもしれない脳のなかから、無限に近い思考の数々を思い浮かべ、無作為にそこから決めたひとつの絵図を当ててみせろ!!」と言われたら、実はまったく手も足も出ないのです。

ですから、私たちメンタリストは、**まず限定した「場（状況、空間）」を作ることから始めます。**

件《くだん》のテレビ収録に話を戻すと、私はよく相手に絵を思い起こしてもらう際に、簡単な説明をします。例えば「線だけで形が描けるような簡単な絵にしてくださいね」とか「子どもの頃、クレヨンで画用紙に描いた絵を思い出してください……」といったような感じです。

ここで説明文を全部書いてしまうと、少し心理学に興味がある方なら「なるほど、メンタリズムはそうやるのか！」とばれてしまいますので、トーク時の台詞はこのくらいにしておきますが、もし私の出演しているテレビ番組を見たら、あなたの予想以上に多くの暗示や誘導文で、次に相手に何をさせるか（相手が何をするか）を限定させているはずです。

さて、お笑い芸人のAさんです。私はいつものように、「今から一枚の絵を心の白いキャンバスに描いてもらおうと思います……」と話し始めました。

「その絵はあまりに複雑だったり、自分にしかわからない絵を描かれてもパッと見て視聴者に伝わりにくいかもしれませんので、簡潔で簡単に描ける絵がいいです。例えば子どもの頃に落書きしていていちばん好きだった絵とか……」と説明していた矢先です。

「うん、わかった、わかった。俺さ、もう決めたから！　子どもの頃から好きだった絵ってのは、あれしかないもんな、うん。オッケー、オッケー。俺、いつも子どものとき同じ絵を描いてたんだよね！　大丈夫、もう思い浮かべたからさ」と逆にまくし立てられてしまったのです。このときの私の頭のなかは、まさにパニック状態でした（笑）。

というのも、私はその台詞に続いて暗示や誘導のメンタリズム・テクニックを駆使し、Aさんの心のなかにひとつの絵が思い浮かぶよう仕掛けていくつもりだったからです。私が語る説明文は、まだその仕掛けのための必要な序章の部分だったのですが、完全に途中で打ち切られる結果になったのです。

最初から、Aさんが「子どもの頃、いつも描いていた大好きな絵を当てる」という企画なら別のアプローチもあったのですが、この場合私が想定していた暗示・誘導文の説明を聞いてもらえず、絵を自由に決められてしまったのです。

お恥ずかしい話なのですが、このときの私はけっこうテレビの出演にも慣れ始めた頃で、自分の力を過信していました。現場の環境や状況など、すべてメンタリズム・テクニックでねじ伏せられると思い込んでいたのです。

この失敗例を、あとで振り返ってみると、そのときのAさんには多くの兆候がありました。私が得意顔で暗示文をそらんじていた際に、つまらなそうに話を聞いていたこと。このあとの第2章で紹介する、自分の体中をペタペタ触る「興味がない」というサインのセルフタッチ。詳しく話を聞いている風によそおいながらも、見受けられた「つまらない」という感情の「腕組み」ポーズ。

私はそんなわかりやすい危険信号にも気付かなかったのでした。結果は惨敗です。もちろん、そのあとは「もっと難しいことに挑戦します！」と大仰に言い放ち、なんとか場を収めましたが、今思い出しても青ざめてしまいます。「場面（環境・状況）把握」と「観察」という基礎中の基礎をおろそかにしては何も成功しないと身を引き締めた経験でした。

もし、私がしっかりと状況を把握し、自分にとって有利な場を築けていれば、こんな失敗は絶対に起こさなかったはずなのです。これで、みなさんにも「場を作る」大切さが伝わったでしょうか？

状況を削り出し「場面」を読み取る

それでは「場を作る」とはどういうことかを説明していきます。まずは、今置かれている状況を細かくわけていく「細分化」を行います。

序章で簡単に説明しましたが、今あなたが置かれている状況が「人と会う」という場だとしましょう。

これを細分化していくと例えば次のようになります。

・それはプライベートなのか、ビジネスなのか？
・場所は公共の場なのか、自分の部屋といったプライベートな場なのか？
・相手の家・会社（アウェイ）なのか、自分の家・会社（ホーム）なのか？
・相手は初対面の相手か、何度か会っている人か、心を許している人なのか？
・相手は同性か異性か？　また、相手に抱いてほしい感情は何か？
・相手の人数は？　複数対複数（会議・合コンなど）なのか？　それとも個人対個人なのか？　もしくは個人対複数（プレゼン時やセールスなど）なのか？

このようにして、ただなんとなく「人と会う」とぼんやりとしか捉えていなかった状況を**細かく削り出して、限定された「場面」へと状況把握をブラッシュアップしていきます。**そうするだけで、多くの事柄が変化していくのがわかるはずです。

例えば、意中の女の子の家や取引先の会社への初訪問なら、これは相当なアウェイ状況。それをしっかり認識していれば、最初から「権威催眠」に呑まれないようにしようと心構えができますし、逆に自分のホームに相手が現れるなら、どんな風な振る舞いなら自分が相手に呑まれてしまうだろうかと想像して、自分の振る舞うべき行動を組み立てる。

何度も会っている相手なら、気を許しているだろうから、いつもの感じでは自分の主張や声が届かないかもしれない。そのためには今日はいつもと違う「違和感」を仕草や会話に潜ませなければいけない、などなど。

このような状況把握により、メンタリズム的な戦略が次々と生まれていくのです。そう考えると、普段の何気ない日常の一瞬一瞬も、面白い戦略ゲームのように感じられませんか?

「目的」を限定する

内容を詰め込み過ぎてもわかりにくくなってしまうので、あえて言及はしませんでしたが、最初に述べたパフォーマンス時の数字の選択の話や、先ほどの私の失敗例について、しっかり読み込まれた方にはすでにお気付きの方もいるかもしれません。

「状況把握」をして細分化し「場面」を作る作業というのは、置かれている環境を分析するということですが、**実はそれ以外に、「目的を限定する」という作業もしています。**多くの場合、目的も細分化できます。

例えば、男性なら「気になった子とデートがしたい」「意中の女の子と付き合いたい」「エッチがしたい」というよくある欲望。女性なら、もっとソフトに「好きな人とふたりきりになりたい」「ドライブに誘われたい」「楽しくおしゃべりしたい」といった願望。

これらも漠然と夢見ているだけでは、なかなか叶いません。その目的を達成するために必要なハードルを細分化作業で挙げていきます。

もし、「付き合いたい」が目的の場合、「場面」作りですと、「相手と親しいか親しくないか」といった「状況把握」の削り出しだけでなく、「目的」も細分化させ分析していきます。

いくつか例を挙げてみます。

・**話したい&会いたい**
（連絡先を知る）（休日はいつか？）（集団で遊ぶタイプか、個人行動タイプか？）
・**仲良くなりたい**
（共通の趣味を探る）（インドア派かアウトドア派か？）（活動時間帯の把握）
・**告白したい**
（強引orソフトに口説くべきか？）（じっくり口説くべきか、速攻で押すべきか？）


かなり簡略化して説明しましたが、付き合うまでに必要な最低限の流れのなかで、把握すべき情報が数多く洗い出されます。

初対面の相手に、いきなり「仲良くなりたい」はハードルが高くても、これら洗い出されたひとつひとつ、「相手がインドア派か、アウトドア派か？」「昼間遊ぶのか、夜遊ぶのか？」こういった目的達成に必要な情報を得るのがとりあえずのステップだとしたら、けっこう簡単に感じませんか？

日々、悶々と「付き合いたいなぁ～」と漠然と考えて暮らすのではなく、目的に至る道を細分化し、そのために必要なステップや情報をひとつずつ消化していくことがいちばんの近道になるはずです。また、目的の細分化によって、自分自身が何をすればいいのかも明確になります。

気になる相手に「さっき、みんなと話していたんだけど、遊ぶならアウトドアとインドアどっち?」と聞けば、自然な話の流れから、何をするのが好きか、趣味や遊ぶ時間帯、同性・異性どっちの友達が多いか、といった話のネタ振りもしやすくなってくるはずです。

そしてこれこそがメンタリズム的な発想となりますが、「**人は自分のことを話すのが大好きな動物**」なのです。多くの場合、人は他人に興味を持っていません。好きなのは自分であり、自分に興味を持ってくれる人に心を許し、友人や恋人へとなっていくものなのです。

あなたは目的達成のための情報収集用パーツを順に話しかけているだけなのに、相手は自分に興味を持ってくれている人に、ひたすら自分のことを語っていられるのですから、よほど相手に嫌な気持ちがない限り、この情報収集方法は親しみさえ覚えさせてしまう効果的なテクニックとなるのです。

「理想」は自分色のメンタリズム

第1章の締めとして、大切な話をしましょう。

メンタリズムのスタイルは、人の数だけあります。

例えば私の場合、もともとの性格上、人に対してあまり自分から積極的に働き掛けたりしません。あとの章でも触れますが、フォーク曲げを見せるなどして、相手が自分に興味を持ってくれるのを待つことのほうが多いのです。

これは私自身の性格の話なので、メンタリストとしての性質に直結するわけではありませんが、私自身のメンタリズムパフォーマンスには少なからず反映されています。

逆に、私のプロデュースを手掛けているむらやまじゅん氏は、相手に積極的にメンタリズムを仕掛け、自分のペースに巻き込んだりします。彼はもとから物怖じせず積極的で、すぐに誰彼構わず話しかけるタイプの人です。

また、私自身がメンタリズムを習った師匠的な存在にKOU☆さんという方がいるのですが、その方は誰かに振られない限り、自分からは決して動かない人でした。重々しく、威厳ある振る舞いで「この人はなんか普通の人とは違う」といった空気感をかもし出し、いざ話を振られると、徐々にペースを速めながら不思議なパフォーマンスを繰り出す人でした。

このように、メンタリストと一言で言っても、状況や場面、人の心の形ひとつひとつが変わるように、**メンタリスト自身もそのスタイルや使用するテクニックはさまざまに変化します。**

それは、使っているうちに次第に明確になり、気付くと自分が使いやすく気に入っているテクニックと、知識としてわかっていても日常ではほとんど使わないテクニックにわかれていくものなのです。

簡単に言うと、使用者（メンタリスト）と各テクニックには相性があり、「合う・合わない」や「似合う・似合わない」、または「好み」などによって、使いやすいテクニックがしぼられるということです。

メンタリズムが人の心を対象としている以上、それはある意味で当然のことだと言えるでしょう。

過去のメンタリストたちも、それぞれの性格によってスタンスが異なっていました。例えば、アメリカにエドガー・ケイシーという霊能力者がいました。彼は超能力として予言を行い、自分の能力をプレゼンテーションすることで相手に興味を持ってもらう使い方をしていました。自ら積極的に働き掛けるのではなく、相手が「ちょっと視てください」と言ってきたときだけ、望まれた通りにやってみせるのです。こうしたスタンスは私に近いです。

また、「現代催眠の父」と呼ばれ、メンタリズムの基礎を築いたミルトン・エリクソンという精神科医は、病院を開き患者を治療することを目指しました。「あなたを助けたい」という姿勢で、セラピスト的な立ち位置で積極的に活動しました。自らズバズバと相手の心に切り込み、自分のテンポへと巻き込んでいくスタイルは私とは大きく異なります。

使う人の好みや目的によって、メンタリズムの形も変わります。そして、それこそがメンタリズムの醍醐味です。基本的な技術を覚えて日々実践するうちに、自分なりの応用術が生まれ、徐々にあなたに合った形が決まっていくはずです。いずれ、自分だけのメンタリズムの形が見えてくることでしょう。

「場面把握」のまとめ

どんな状況においても、それぞれ場面が限定されている。
(仕事の打ち合わせ、恋人とのデート、友達との飲み会など)

↓

人間の言動には、その場に応じた「ふさわしい言動」と
「ふさわしくない言動」がある。
いわゆる「空気を読む」ということ。

↓

相手の心理を読んだり、コントロールするために、
「空気を読む」ことから始める。

「空気を読む」ための状況作り

1 まずは自分の置かれたシチュエーションを把握する。

2 そして、場面を「細分化」していき、自分の「場」を作る。

3 同時に「目的を限定する」。

↓

メンタリズムの実践に移る。

**メンタリズムそのものは十人十色のテクニック。
自分の性格や好みによってスタイルは無数に存在する。**

第2章 観察

2nd Mentalism
Observation

メンタリズムの土台となる暗示

メンタリズムの基本は、まず「観察」にあります。**相手を見て、その表情や体に表れる変化を読むことから始めます。目線や唇の動き、姿勢、ちょっとした仕草など、あらゆる面から相手の情報を得る必要があります。**そして、前述したフォーク曲げなどをはじめとした、こちらからの働き掛けに対する相手の反応は、すべてもらさずチェックして利用します。

この観察に非常に長けていたのが、先述した「現代催眠の父」と呼ばれる精神科医ミルトン・エリクソンです。彼は、メンタリズムの基礎となる部分を築き上げた偉大な人物です。

訪れる患者の多くは精神を病み、心を閉ざしています。エリクソンが質問をしたからといって、素直に答えてくれるとは限りませんが、悩みを解決するためには、相手の心を理解してあげなければなりません。そこで、読心術の習得が必要でした。

しかし、読心術で相手の気持ちが把握できたとしても、あくまで一方通行の理解です。患者はアドバイスを受け入れる状態にはありません。まして、少しアドバイスをした程度で解決する悩みであればわざわざ治療に来ないでしょうし、言った通りにできるくらいなら、最初から悩まないはずです。

ですから、そこに暗示や誘導が必要となります。患者自身には「特別何かされた」という意識はないまま、巧みな暗示によって、自然と解決する方向に誘導していく。その結果、心理的な障害を回復に導けるのです。

ところであなたは、「催眠術」と聞くと、どういうものを想像しますか？　催眠術師が糸を通した五円玉を揺らしながら、「あなたは眠くなる……」と語りかける情景を思い浮かべる人が多いのではないでしょうか。

エリクソンの現代催眠は、それとは大きく異なります。いつ催眠術を始めたとも、いつ終わったとも言いません。なんとなく普段の会話をしながら始まり、知らないうちに終わっているのです。これはすごい発明でした。

具体的に紹介します。

エリクソンがある人の家に行きました。エリクソンはスーツを着てネクタイを締めています。窓のある応接室に通されたエリクソンが、片手でネクタイを緩めながら閉まった窓を見て、「この部屋はちょっと暑いですね」と言うと、相手は彼の仕草に気付いて「窓を少し開けましょうか」と言い、窓を開けました。

これは、エリクソンに言わせると「窓を開けさせる」という催眠術をかけたことになるのです。命令せずに窓を開けさせるため、〝窓を見ながらネクタイを緩め、「暑い」と言う〟。この日常的なセリフの選択と何気ない仕草だけで、相手は「窓を開けてください」と言われたわけではないのに、エリクソンの意図の通りに動いたわけです。

このように、ごく普通の会話、普通の行動のなかに何かを潜ませることで、相手に意識させることなく思い通りにコントロールする、それが現代催眠術の考え方です。

エリクソンは基本的に、相手に直接命令することなく、自発的に行動させる形で誘導していきました。普通の催眠術師が「これから催眠術を始めます」と言って術に入るのに対して、エリクソンはそうは言いません。代わりに「これまで、催眠術にかかったことはないですよね？」と聞くのです。相手が「ないです」と答えると「じゃあ、もしかかったらどうなると思いますか？」とさらに質問します。そのとき相手は「ちょっと怖い」「面白そう」「立てなくなるかもしれない」など、さまざまに答えるはずです。

この場面での答えの内容はどうでもいいのです。このとき重要なのは、相手はすでに「自分が催眠術にかかった状態」を想像して話しているということ。

質問に答えようとすると、どうしても自分が催眠術にかかっている様子をイメージすることになります。自発的に浮かべたイメージである分「今から催眠術をかけます」とストレートに言われるより、はるかに暗示効果が高いのです。

このエリクソンの発見した手法が、メンタリズムの本質的な考え方になっています。何もフォーク曲げを練習する必要はないのです。**何気ない動きやちょっとした台詞のなかに、いかにさりげなく暗示を紛れ込ませ、相手に働き掛けるか。**それだけで、人はいともたやすく、あなたの思い通りに動いたりするのですから。

メンタリズムは、まずは「観察」ありき

メンタリズムの基本は、この章で紹介する「観察」です。このあと第3章から第7章で紹介するそれぞれのメンタリズムのテクニックも、そのほとんどがこの章で紹介する観察あってこそ成立するものです。つまり観察は、何より重要なメンタリズムの基礎技術だと認識してください。

私がテレビやイベントでメンタリズムパフォーマンスを行うときも、まずは観察から始めます。パフォーマンスでは、その日初めて会う方を相手にすることがほとんどです。その人の性格や特徴などパーソナルな情報は何もわかりません。事前にアンケートを採って傾向をつかんでおく……というわけにもいきません。

そうなると、「現場での一瞬の観察がすべて」ということになります。その観察がうまくいかないと、パフォーマンス自体が予想しない方向にいってしまったり、思わぬ失敗をしかねません。逆に言うと、観察が完璧にできてさえいれば、確実に大成功

を収めることができるのです。

私が提唱するメンタリズムの観察は、ただ相手の姿を見るだけではありません。「**相手に何かを言ったとき、それに対するリアクションを見る**」というように「**能動的な観察**」と呼ぶべき手法を多く取り入れています。こうしたテクニックが非常に重要なポイントになるのです。

「自分の働き掛けに対して、相手がどう反応したか」。この反応データの積み重ねが、実際に役立つ活きたデータとなります。そして、これらひとつひとつの反応の答えをうまく組み合わせながら相手の心を読み解いていくのです。

またもや、「なんだか、難しい解説だな」と、あなたの眉間にしわが寄っているのが手に取るようにわかります（笑）。大丈夫です。その方法はこれから丁寧に説明していきます。


ただし、最初に注意しておかなければなりません。反応データを注意深く探ろうとするあまり、やみくもに相手を凝視していては怪しいだけです。そんなことをすれば、相手は不信感を抱き、不快な気持ちになって警戒されてしまうでしょう。

特に私が普段行っているパフォーマンスの場合は、お客さん全員をひとりずつゆっくり見る時間の余裕などまったくありません。けれども、ただ漠然と見るのではなく、最初からポイントをしぼり、短い時間でも効率的に観察を行えば、対象者のおおよその傾向はつかむことができます。

そのポイントを正しく理解さえすれば、一瞬で観察を成功させる確率がグンと上がります！

それではさっそく、相手の心理状態を把握するための、観察の具体的なポイントを紹介しましょう。

人の心理は目と口を見ればわかる

人は誰でも、相手と接するときにはその人の顔を見るものです。**そして顔のなかで最も表情が出やすく心理を読み取りやすいのが、目と口の2ヵ所になります。**

よく心理学の本に「まばたきが多い人は緊張している」「まばたきが多い人はウソをついて何か隠している」と書かれていますが、私がこれまでメンタリズムを行ってきた経験から言うと、人のまばたきの数から何かを読み取るのは難しいと感じます。

なぜなら、まばたきの回数が多くても、もともとそういう人かもしれない。回数が多いか少ないかは、あくまで比較論の問題であり、相手の普段のまばたきの回数を知らない以上、正しい判断はできないのです。普段のまばたきの回数を把握している相手なら、それも有効かもしれません。ですがここでは、あなたでもすぐに使うことができる「1秒で感情を読み取る」テクニックをレクチャーすることにします。

プラス or マイナスの感情は口元に出る

「目は口ほどにものを言う」などと言いますが、実はメンタリズム的な観点で言えば、「しゃべらぬ口もものを言う」となります。

口元は、相手が今どういう気持ちなのか、非常に読みやすい部分です。目のように頻繁に大きく動くことが少ない分、観察しやすいということも利点のひとつです。

相手が本当に自分の話に興味があり、面白いと思って集中して話を聞いている場合、口元の筋肉は自然にゆるみ、軽く歯が見えるか見えないか程度に、少し開きがちになります。相手に心を開いてリラックスしているときも同じ状態になります。

逆に、相手が自分の話に興味がなかったり、緊張しているなど、マイナスの感情を持っているときは、口はキュッと閉じられ固く結ばれます。「真面目にしておいたほうがいい」とか「ちゃんとして見えたほうがいいだろう」という意識が働くからです。

実際に、初対面の人と仲の良い友人の口元を常に「観察」するようにしてください。初対面の人は一様に口を閉じ、仲の良い友人は軽く口が開いてる時間が長いでしょう。これは、誰にでも簡単に判別可能で、一目瞭然の秘密の観察テクニックです。

このように、細かい感情まではわからなくても、口元を見るだけで相手が自分の話に興味を持っているか、リラックスしてくれているか、楽しいか楽しくないかといった、本音の感情を読み取れてしまいます。

相手の口元の動きと感情

○プラス（集中・興味など）の感情を持っている――唇が軽く開きがちになる

×マイナス（緊張・無関心など）の感情を持っている――固く左右に閉じられている

どんなに表情を取り繕うことがうまい人でも、口元の動きは意識してないとなかなか隠せません。

本音が出る口元を見ることで、相手の感情を推し量れますので、いつ会話を切り替えるか、どこまで自分は話し続けていいのかなど、会話の進め方についてかなりの参考材料となるはずです。

「舌をペロリ」はウソをついた証拠

口元を観察するときは、同時に舌の動きもチェックするようにします。例えば、人はウソをついたあと、無意識に舌で上唇をなめたりします。「そんなことないだろ」と思うかもしれませんが、漫画のような本当の話です。人によっては口のなかで舌が動いていたりしてわかりにくいかもしれませんが、よく観察を続けていくと一発でわかるようになります。

この行動は意外と誰しもがやっていることなのですが、ごくわずかな動きなので、自分でも気付かないのです。私自身、パフォーマンスで質問をして相手のウソを見破るときに多用しています。

ただし、ウソをつく（ついている）瞬間ではなく、「ついたあと」に観察しなくてはならないので注意が必要です。

人は一生懸命ウソをつくと、緊張するため唇の内側が乾燥してきます。そこで相手が「なるほど」などと納得した様子を見せると、「自分のウソがバレていない」とホッとして無意識になめてしまう。つまりこれは安心の動作なのです。

商談の場で、あなたが何か大切なことを相手に質問したとします。それに対する回答が「ちょっとウソっぽいな」と思っても、この時点では単なる憶測に過ぎません。相手の行動を観察するため、一旦は納得した様子で引き下がってみてください。

こちらが理解を示した途端、今まで口元を強張らせて一生懸命しゃべっていた相手が、その口元をゆるめてペロッと上唇をなめれば、「やっぱりウソだったんだな」とわかるわけです。

もちろんそれは確実な証拠とまでは言えませんが、不信感を抑えて相手を泳がせるのも、徹底的に問い詰めるのもあなた次第。上手にカマをかけることもできますから、その後の商談ではより効率的に行動できるはずです。まずは、自分が相手の見えない心中を把握し、戦略を打って行動することが大切なのです。

人には3種類の笑顔がある

人と人とのコミュニケーションにおいて「笑顔」は、その場を安心させる効力を持つ感情表現のひとつです。しかし、同じ「笑顔」でも、そこには大きくわけて3種類あります。「①本当の笑い」「②作り笑い」「③軽蔑の笑い」です。その見極め方は、比較的簡単で、誰にでも判別することができます。

①本当の笑い

頬の筋肉が目じりの近くまで大きく持ち上がり自然と唇の端と目じりも近付く。目の横にある眼輪筋が動いて、目じりにはしわが寄る。両肩を揺すって笑うなど、体全体で表現され、表情は左右対称になる。

②作り笑い

多少、頬の筋肉は動くが、目じりまでは上がらず口角も上がらない。目じりにしわは寄らず、口だけで笑顔を作っている。動きも首から上だけが動いて、体全体はあまり動かない。仕事の場などで儀礼的に浮かべる笑顔の多くはこれに当たる。

③軽蔑の笑い

表情筋の半分だけが動きやすくなるため、片側の口角だけが上がるなど、表情が左右非対称になりやすい。同時に体も左右非対称に動きがちになる。片方の肩だけを上げて足を組んだり、片眉だけ上がったりするのも同じ作用。

目の横にある眼輪筋は自分の意思で動かしたり持ち上げたりすることは難しく、本物の笑顔を無理に作ることはなかなかできるものではありません。私はパフォーマンスの際、お客さんの表情筋や目じりを重点的にチェックします。本当の笑顔が多いと、やっぱりホッとするんです。今見たパフォーマンスに本当に驚き、感心しているわけですから、次のステップに自信を持っていけます。笑顔のチェックは自分自身のメンタルコントロールにも使えるテクニックと言えるでしょうね。

とはいえ、いつも①の笑顔でなければいけないということではありません。例えばビジネスの席では、いつも大爆笑というわけにはいかないものです。②の作り笑いも、社会で互いの関係を円滑にするためには、欠かすことのできないものだと言えるでしょう。

ただ、③の笑顔が見え隠れしたら要注意です。口では感じのいいことを言っていても、その表情が左右非対称だった場合は、心を引き締めてかかったほうがいいでしょう。恋人や友達関係でも同じ。家電や服を買うときの店員さんの表情だって同じです。「笑顔の裏には……」とはよく言ったものですが、本音の感情を隠すことができないのが笑顔なのです。

だまそうとしても、体の向きはごまかせない

人の体全体の動きや姿勢からも、多くのことが読み取れます。

人は本能的に好きなものに対しては体を向け、拒否するときは体を背けるものです。テーブルを挟んで座って話しているとき、相手がその話に興味を持っていれば体を前に乗り出してきますし、興味がなければ後ろの背もたれに体を預けて、距離を取ろうとします。これは、さまざまな心理学の本でも言われていますので、ご存じの方も多いでしょう。知られ過ぎて、むしろ信用できないと思っている方もいるかもしれません。ですが、決してそんなことはありません。

私がテレビでパフォーマンスをするときは、相手が立っていることが多いので、心の動きが体全体に表れやすくなります。実際に、パフォーマンスに興味を持っている人は、私のほうに全身を向けていますし、あまり興味がない人は、上半身をそらしたり、少しひねったりして立っていることが多いです。そういった様子を観察し、前に出てきてもらう人を決定しているわけです。そしてその判断は、ほとんど外れたこと

がありません。もちろん姿勢だけで判断しているわけではなく、目や口、表情などから総合的に観察し、ときには反応を見るためさまざまな仕掛けを打ったりもします。

そうして、相手の感情を読みながら眺めると、「本当は興味がないのに、興味があるふり」をしているタレントの方や、「すごくあやしんでいるのに、本当は興味津々」な人など、自分の本音を隠している方を多く発見します。

それらすべては、**心に忠実な体の動きが教えてくれるものです。**いくら本心を隠そうとしていても、自然と自分の興味や関心が姿勢に表れてしまうものなのです。

名刺交換のときが「観察」のベストタイミング

「心理状態が体の動きに表れる」という特性は、パフォーマンスというある種特別な環境ですら忠実なのですから、日常の延長にあるビジネスの場ならなおのこと。多少緊張していてもテレビスタジオという異空間よりはリラックスしているはずですから、如実に反応が表れることになります。

前述した通り、人は立った姿勢のときは、座っているときより体に反応が出やすい。

そして、**ビジネスの場では、必ず立った状態で人に対する瞬間があります。**

それは**名刺交換**のときです。

通常、礼儀としてお互いに立ったまま名刺を交換します。このときこそ、相手を観察する絶好の機会となります。ポイントは、**相手がどの程度自分に近づいてくるか。**もちろん互いに距離を空けたままでは、名刺交換はできないので、最終的には手が届く範囲まで近付く必要があるわけですが、重視すべきはその前段階。名刺を手にした相手が、まず自分にどこまで歩み寄るかに注目しましょう。

A　50センチほどの距離まで一気に近付いてきて、そのまま名刺交換をする。

B　1メートルほど手前で一旦止まり、挨拶したあとに近付いて名刺交換。その位置で会話をする。

C　1メートルほど手前で一旦止まり、挨拶したあとに近付いて名刺交換。その後また下がって距離を取り会話をする。

人間にはパーソナルスペースというものがあります。お互い初対面で、しかも仕事の関係なら、1メートルから1・2メートルくらい間隔を取るのが一般的です。

しかしAのケースでは、最初からいきなり50センチの距離まで近付いてきているわけですから、相手がかなり人懐っこいタイプか、あまり緊張しない人です。もしくは自分に親しみを感じていると推測できます。

こういう人が相手なら、こちらもあまり緊張を見せず、最初からざっくばらんに話したほうが好感を持たれやすいはずです。

ただし、相手が「優位に立っている」と思っている可能性も否定できません。自分のことを警戒する必要はないとみなして、近付いてきているケースです。この場合にこちらがやたら親しげに振る舞うと、生意気に見られて逆効果になりかねませんから、あくまでも礼儀は忘れないようにして、先述の「口元」や「笑顔」を観察し判断すれば問題ありません。

Bのケースは、心理的に抵抗を感じる距離で一旦止まり、挨拶をしてワンクッション置いて近付く。

これは、ある意味でもっとも標準的なアクションと言えます。挨拶し名刺交換が終わったあとは、少し距離が縮まった（親しくなった）と思うため、その位置で話を続けるのです。

ここで挙げたなかでは、Cのケースに当てはまる相手がいちばん警戒心の強いタイプです。

1メートル離れた地点から名刺を交換することはできませんから、仕方なく近付きますが、本音ではやはり常に1メートルくらいの間隔を空けておきたいと思っている。そこで、名刺を渡し終わったら、またすぐ後ろに下がり距離を取るのです。

あなたが男性で、相手が女性の場合は、こういうケースも珍しくないと思いますが、お互いに同性同士の場合は、「警戒心を持たれている」「親しみを感じていない」「この挨拶にあまり乗り気ではない」といったケースも考えられます。

だからといって、警戒を解いてもらおうと無理に相手のパーソナルスペースに入っていくと、相手の警戒心をさらに強める結果となり逆効果です。

こういう場合は、第7章で説明する「話法」をはじめとした、さまざまなメンタリズムテクニックを駆使して、徐々に心の距離を縮めていくことが必要になります。熟練したメンタリストなら、最も腕の鳴るシチュエーションといったところです。

「セルフタッチ」から観察ポイントをしぼり込む

相手の心理状態を把握するうえで有効な「観察」のテクニックを、もうひとつ紹介しましょう。

あなた自身やあなたの周りに、「考え込んだときは口元に手を当てる」とか、「言葉に詰まるとメガネを直す」といったクセのある方はいませんか。

これは「セルフタッチ」と言い、自分を守り安心させるための自己動作になります。無意識に出る動作なので、自分自身ではわからないものもあるでしょう。

しかし対象者（相手）のセルフタッチは、しばらく観察していれば気付くはずです。このとき、相手が自分のどこを触るか（もしくは、何をするか）を確認します。そのセルフタッチに深く関係する箇所が、その人にとって、いちばん感情が表れやすい部分だと判断できるからです。

例えば、おしゃべりでつい余計なことを言ってしまいがちな人は、無意識に口を触ることが多いものです。失言のあとは、つい口を隠しがちになっている人は多いはず。

みなさんのなかにも心当たりがある方がいるのではないでしょうか。つまり口に感情が出やすいタイプは、口を触ることで自分を安心させているのです。

また、目元を触ったりメガネをしきりに直したりする人は、表情が目に出やすいというわけです。その人を観察するなら、目を重点的に見たほうが反応を判断しやすいということです。

これは初対面の相手にすぐ使えるテクニックとは言えませんが、会社の上司や部下、取引先や友達など交流がある相手に対して、普段から何気なくその人がセルフタッチをする場所を把握しておけば、主に観察するポイントをしぼり込むことができ、より効率的なメンタリズムが可能になってきます。

セルフタッチには緊張とリラックスの2種類がある

実はセルフタッチには2種類あり、**ものすごく緊張している場合と、ものすごくリラックスしている場合とにわかれます。**両極端なのに、セルフタッチそのものは一見同じなのでわかりづらいかもしれませんが、これは人間の体の機能と関係しています。

人間にはホメオスタシス（生体恒常性）機能が備わっているため、テンションが上がり過ぎた場合はそれを下げるホルモンが分泌され、精神を落ち着かせようとします。逆に、落ち込んだときはアドレナリンが分泌されて、引き上げようとします。

常にニュートラルの状態を維持しようと、**不安になったときはセルフタッチによって自分を落ち着かせようとしますし、リラックスしているときは安心している結果として反応が表れるわけです。**

ただし、「不安、緊張時」と「リラックス時」のセルフタッチには、決定的な違いがあります。緊張や不安によって出現したセルフタッチの場合は、いつも触っている部分以外も含め、とにかくあちこちを触ってしまうということ。口元を触ったかと思ったら、次はメガネを直し、髪をいじり……と、まさに落ち着きのない状態です。

普段のセルフタッチは単なるクセとして行っていることもあるので、それだけで相手が緊張しているとか、ウソをついていると判断することはできませんが、いろいろな場所を頻繁に触り始めた場合は、不安や緊張の表れと判断してよいでしょう。

リラックスしている場合は、これとは真逆で、1ヵ所か2ヵ所くらいしか触りません。

想像してみてください。例えば、恋人とふたりでくつろいで過ごしているとき、せかせかと動き回ったりはしないですよね。ゆっくりと座って、あまり体勢を変えず、話を楽しんでいるはずです。人はリラックスしているときは、あまり動かないことが多いのです。

ですから、**セルフタッチの場所や回数が増えたら、相手は緊張している。1ヵ所に固定されていれば、リラックスしていると判断できるわけです。**

心の不安が動きを誘発する

基本的に、人は何かに集中しているとき、動きが止まります。

あなたも思い出してみてください。つまらない会議や講義、説明会では、つい退屈でペンをいじったり手遊びをしたりしてしまうことがあるはずです。

逆に、とても興味深い内容で集中しているときは、同じ姿勢のまま動かずに聞き続けることができます。

とはいえ、重要な仕事の場面で退屈だからと手遊びをするわけにはいきません。内心では相手の話にまったく興味がなく、「早く終わればいいのに」なんて思っていても、表向きはいかにも興味深そうに「なるほど、そうなんですね！」とあいづちを打って聞かざるを得ない。それが礼儀であり常識です。

だからこそ、自分が興味を持っていないことが相手に伝わってはまずいという不安を覚え、それを抑えるために、セルフタッチとして体のあちこちを触って自分を安心させようとするのです。

ビジネスの場で、相手にこのような「不安」や「緊張」を表すセルフタッチの兆候が見えたときは、その流れからの方向転換が必要だという合図となります。

「不安」であれば、自分の話が退屈だったり興味がない証拠ですし、「緊張」であれば、場をリラックスできるような空間に変え、スムーズに話を進められる環境を整えなくてはなりません。

セルフタッチを正しく理解することで、相手の心理状態を読み、自分にとってプラスとなるシチュエーションに転じていくことができるようになります。

腕組みの意味は、タイミングと姿勢で読む

腕組みと聞くと「威圧している」「警戒している」「嫌がっている」といったマイナスのイメージを持つ人は多いと思います。確かに、腕を組むのは相手との壁を作り自分をガードする動きですから、根本的には「拒否」という心理状態があります。相手と自分がどういう関係性にあるにせよ、あまり好ましい動作ではありません。

ただし、いつどのタイミングで腕を組んだかによって、意味が少々変わってくるのです。さらに、そのときの姿勢も重要な観察ポイントとなります。

腕組みのタイミングと意味

A　話の最初から腕を組んで話し始める→見下し

B　話の途中で腕を組む→警戒

Aは相手を見下している人に多く見られます。特に、座っている状態で、後ろに体重を預けていたり、体全体を斜めに向けていたなら、あきらかに見下した姿勢と言えるでしょう。この場合は、相手を受け入れるつもりがない、「拒否」の度合いが高いと判断して間違いありません。

しかし、例えば前かがみになって、腕で体を覆うようにした腕組みの場合は、見下しではなく警戒からきた行動である可能性が大です。自分を包んで守ろうとしている心理の表れです。このとき、顔が下を向いて視線がはずれているなら、より自己防御のガード姿勢に入ったと言えるので、あなたの声は相手の心に届かないでしょう。

Bのように、会話中に出る腕組みは、図星を突かれたり動揺したときに起こる場合が多いです。

相手が自分の弱い部分に切り込んできた場合に、それを拒否するための行動となります。例えば商談の席で「コスト面でご相談がありまして……」と切り出したとき、相手が腕を組んだとしたら、それは「料金面では譲れないぞ」など、内心で警戒している証拠です。

こういうことは、日常生活では割とよくあるのではないでしょうか。腕を組むところまでいかなかったとしても、今まで机の上に体を乗り出して話していたのが、相手の一言を聞いた途端、急に両肘に手を添えて後ろに下がったり、資料を持って背もたれにもたれたり、といったような行動はよく見られます。

見下しにせよ警戒にせよ、腕組みは相手を「拒否する」動きであることには変わりありません。特に仕事の場では、相手が何をどう拒否したいのかを観察し察知することが、話を動かす重要なポイントになると言えるでしょう。

やはり「目は口ほどにものを言う」

最後に注目すべきポイントは、「**相手の目線の動き**」です。

誰でも、話しているときは目が動きます。よほどのことがない限り、目を合わせっぱなしということはありませんので、必ず目線がずれることになります。

その目線が、上下に動くか、左右に動くかで、その人の心理状態に大きな差があります。人は縦に長いわけですから、もし相手やその話に関心がある場合は、普通、目線は頭や胸あたりを上下しながら縦に動きます。逆に、その相手や話題に関心がない場合は、その人に目線が集中することがないので、左右にふらふらと揺れることになります。

例えば、テーブルのコップを気にしたり、後ろを歩く店員さんを見たり、窓の外の風景を眺めたり……。つまり、相手が自分の服や胸元を見ているか、テーブルの上や周囲の風景を見ているかで、相手の関心度の高さを判断できるのです。人は表情は繕えても、目線ではウソをつけない生き物だということを覚えておいてください。

相手の目線の動きと関心度

○相手が関心を持っている場合――自分の頭や胸元、手元、服など、上下に動く

×相手が関心を持っていない場合――外の風景や背後の人物など、左右あちこち動く

さらに、目線を読み解けば、相手の思考や感情がどこに置いてあるのか、場所さえわかってしまいます。それは次の第3章「アセンブリ」で詳しく説明します。

次章からは、ちょっと難解な心理学とメンタリズムの世界に入っていきます。超能力や魔法の世界に近付けるのだと自分自身に暗示をかけて、頑張って付いてきてください！

本当に、**人は自分が思っている以上に、表情や仕草に感情を表出させています。**

元来はそれをお互い無意識のうちに感じ取って解釈し、お互いのコミュニケーションに反映させています。でも、ただ漠然と見て感じて得た情報は、まっすぐあなたの「無意識」に入っていって流れて消えてしまいます。

相手の心理を把握し、思うままにコントロールするためには、得た情報は「無意識」ではなく、あなたの「意識」のなかに入れなくてはなりません。ですから、体の外に表れる感情の原則を把握しておくことが大切です。

これまでに挙げた観察ポイントを覚えたら、次は実際に人に会うとき、相手の性格や傾向、現在の心理状態を推測して話してみてください。

それこそがメンタリズムの第一歩です。十分な観察ができて初めて、「条件付け」（第4章）を行ったり、「マッチング」（第5章）するポイントを見極めるといった、メンタリズムの重要テクニックを活用できるようになるのです。

「観察」のまとめ

能動的な「観察」を心掛ける。
すべてのメンタリズムの基礎技術。
漠然と見るのではなく、ポイントをしぼって観察する。

POINT

1 目線と口元の動きを見る。

2 3種類の笑顔を見極める。

3 人の体の向きに感情は表れる。

4 相手のクセ（セルフタッチ）の意味を理解する。

5 腕組みの意味を読む。

人は自分が思っている以上に、表情や仕草に感情が表れる。「観察」で得られる情報は、「無意識」にではなく「意識」に入れる。

第3章
アセンブリ

3rd Mentalism
Assembly

心の「位置」を利用しコントロールする

ビジネスの場でも恋愛の場でも、相手と話をしているときに、「その人が言っていることが本当かウソか」「自分の話にいい印象を持っているのかそうでないのか」などがわかれば、非常に有利な立場に立てることは言うまでもありません。

本章で紹介する「アセンブリ」の技術を巧みに使うことができれば、誰でも高確率でそれを把握することができます。さらに、**自分自身の立ち位置やものを置く位置などを少し変えるだけで、相手の感情をコントロールすることすら可能になるのです。**

しかし急にこんな魔法のようなことを言われてもピンとこないと思いますので、これから具体的に説明していきましょう。

思考や感情は、空間的に配置されている

「アセンブリ」とは、「配置」という意味です。メンタリズムでは「**人の思考や感情**

が配置されている場所や空間」を意味します。

話をするとき、まったく微動だにせず、石のように固まって話す人はいません。普通はいろいろな方向に顔や目を動かしながら話すものです。

ちょっと右を向いて考えたり、上を見上げて何かを思い出したり。実はこうした動作は、無意識に自分の思考のイメージとつながっている場所を向いているのです。

例えば、あなたが急に「昨日何を食べましたか?」と聞かれたら、「ええと、なんだっけ……」と一瞬考え込んでしまうはず。**そのとき目線を向けた方向が、その人の「過去の記憶」、言い換えると「実際にあった記憶（真実の記憶）」が配置されている場所ということになります。**

何かを空想するとき、現実的な問題を考えるとき、プラスの感情、マイナスの感情など、さまざまな思考や感情は、種類別にそれぞれ「位置」があります。

ですから、例えば空想するときは右上、マイナスの感情は左下……というように、そのときの思考や感情に応じて、当てはまる位置へ目線が移っていくわけです。**その目線の方向に、相手がどんな感情を配置しているのか読み取ることを「イメージアセンブリ・リーディング」と言います。**

もちろん実際にその空間に何かあるわけではありません。あくまで脳のなかで行われている情報処理の結果ではありますが、それが目線に表れるということです。第2章で話した通り、目は感情が出やすい部分。「目は心の窓」とはよく言ったもので、無意識に動いてしまう目線は、想像以上に自分に素直なものなのです。

アセンブリに普遍的な答えは存在しない

ただし1点だけ注意してください。心理学の本などには「何かを思い出そうとするとき、人は上を見ます」といったように、人間全般に当てはまる原則として書かれていることが多いです。

もちろんある程度の傾向があることは否定しませんが、実際には必ずしもそれが万人に当てはまるわけではありません。心理学とは、多くの実験結果から得られた平均値に過ぎません。万人に当てはまるわけではないのです。何かを思い出すとき、ある人は右上を向くけれど、別のある人は左横を向く、といったことが十分起こります。

どのイメージをどの場所に置くかは、人によって異なるものなのです。

メンタリズムは、心理学を重要なベースのひとつとしてはいますが、より実践のなかで研ぎ澄まされ、正確に言うならば「心理術」と表したほうがしっくりくるものです。

メンタリストとは最終的に相手の心や無意識へと踏み込んでパフォーマンスすることを目的としています。そうすると、すべての人に当てはまる原則を考えるより、目の前の人間に集中し観察することが重要になってきます。

ですから、まず相手がどの位置にどういう感情を配置しているか、そのアセンブリを個別に探る必要があります。

「Aさんはこうだったから、Bさんもきっと同じだろう」などと、勝手に思い込んでしまうことは厳禁です。目の前の人を丁寧に観察し、個別のアセンブリデータを蓄積していくことが大切です。

そう聞くと、「ずいぶん大変な作業だなあ」と思ってしまう人もいるかもしれません。でもこれは、慣れてしまえば「左を見たら想像、右を見たら事実で……」などと、ひとつひとつ覚えていくよりはるかに楽なのです。最初から用意していくのではなく、その場で相手の反応を見て確認し、それを踏まえて話をすればいいだけなのですから。

相手のアセンブリを探り当てる4種類の質問

では、実際に相手のアセンブリを探るには、どうすればよいのか。

例えば、自然な会話のなかから、話題やその人の話し方に応じて感情を推測し、そのとき向いた方向をチェックする……という方法もなくはないでしょう。ですが、人間の感情は多種多様で幅も広いです。大げさなものから細かいものまで、表出する反応を片っ端から拾っていてはキリがありません。

そこで、まずは把握したい感情の種類をしぼり込みます。

相手の反応をより把握しやすくするため、対比する要素で考えるのがコツです。

私が考える基本のアセンブリは、**「良い（プラス）or悪い（マイナス）」「事実（本当）or空想（ウソ）」の4種類の感情位置の把握です。**

もちろん人間の感情はほかにもたくさんありますし、場合によっては位置だけでなく、目線が近い、遠いなど、距離から読むこともできます。ただ、そうなるとかなり難しくなってしまうので、まずは基本4種類の位置をつかむことを目標にしてください。少なくともこの4種類がわかれば、あとで説明する「アセンブリ・コントロール」を実行する際には、非常に有効になってきます。

次に、その4種類に対応する質問を用意します。

こちらが質問をして、相手がそれに対する回答を考えているとき、目線がどこを向くかを観察するわけです。これなら、話の流れに任せるよりはるかに効率的ですし、ただ質問するだけなので非常に容易です。

相手は、何度同じ種類の質問をしても、そのたびに同じ方向を向くはずです。その人にとっては、それが無意識で会話のときのクセになっているわけですから、ある意味で当然の結果です。あなたは単純にその位置を覚えればいいだけです。

ただし、会ってすぐに質問を切り出そうとすると「この人はいきなりなんだろう?」と、いぶかしく思われ、自然な反応が引き出せないかもしれないので要注意です。

ここでは相手の内面に踏み込んだり、相手を操ったりする必要はありません。あくまでも相手の自然な反応から感情の位置を知り、そのデータを蓄積することが目的です。相手が少し会話に集中してきたあたりで質問をし、データを取るほうが確実だと思います。

質問は、４種類の思考や感情に直結するものであれば、なんでも構いません。相手の性格や自分との関係性に応じて、適宜調整してください。もし自然に話題として取り入れるのが難しいなら、最初から「これは連想ゲームです」と言っておき、ゲームの感覚で質問してみてもよいかもしれません。

わかりやすい質問の例を、いくつか挙げてみましょう。

良い（プラス）感情のアセンブリ（配置）を探る質問例

「この企画のいちばん良い点はどこですか？」
「好きな色はなんですか？」「最近楽しかった出来事はなんですか？」

悪い（マイナス）感情のアセンブリ（配置）を探る質問例

「今まででいちばん怖かった思い出はなんですか？」

「最近落ち込んだことありますか？」「この取引で最大のネックはどこでしょうか？」

事実（本当）の感情のアセンブリ（配置）を探る質問例

「最近、もっとも記憶に残っている出来事はなんですか？」

「昨日の夕食は何を食べましたか？」「前回の見積り額はいくらでしたか？」

空想（ウソ）の感情のアセンブリ（配置）を探る質問例

「まだ行ったことのない国で旅行に行きたい国はどこですか？」

「もし自分が女性（男性）に生まれていたらどうなっていたと思いますか？」

「透明人間になれたら何をしますか？」

質問をする際は、その質問を聞いた瞬間、もしくは考えているときに相手がどこを見るかが重要なわけですから、相手の回答そのものにはさほど意味はありません。もちろん、その回答も覚えておけば、のちのちの戦略に使える可能性は高いので覚えておいても構いませんが、少なくともアセンブリの把握には関係ありません。ここでは、相手が思考状態のとき、質問意図通りの感情イメージが想起されていれば問題ないのです。

「良い（プラス）」感情のアセンブリを探るときは、相手が好ましく思っているものを、自然に思い浮かべるような質問にします。

「楽しい」「うれしい」といった感情も、プラスの感情ですからそこに含めます。わかりやすい感情として「好き」ももちろん含まれますが、同じ「好き」でも、恋人に対する「好き（LOVE）」と、食べ物の「好き（LIKE）」では厳密には違いますが、今は最初の段階ですので、特に細分化しなくて構いません。

次に「嫌だったこと」や「怖かったこと」など、対になる「悪い（マイナス）」感情を想起する質問をしていきます。

このふたつを続けることで、その人の持つ、良いイメージの場所（空間）と悪いイメージの場所（空間）が、ともに把握できます。

「事実」と「空想」の感情に関しても進め方は同じです。

ここでは「事実を思い出すときの場所」と「想像で物事を考えるときの場所」を突き止めることが目的です。

ですから「事実（本当）」の場所を調べるときは、数値やデータ、過去の記憶など、実際に頭のなかにある事実を思い出させる質問をします。

「空想（ウソ）」の場合は、相手の回答が脳内の記憶から引き出されて答えられると、判断が難しくなるのがネックなので、あきらかにあり得ないことや想像でしか答えられないような質問を用意したほうがよいでしょう。

このように、４種類の質問を何度かしてみることで、その人の持つイメージの配置が空間的にある程度わかってくるようになります。

データを収集し「メンタリズムカルテ」を作る

「イメージアセンブリ・リーディング」は基本的に、相手に質問を投げ掛け、読み取る作業が必要な方法です。もちろん、一、二度しか会わない短期の人間関係でも活用することはできますが、中長期的な人間関係のなかでは、さらに威力を発揮するものです。

ですから、相手の感情の位置がわかったら、忘れないようになるべく書きとめておくことが大切です。その人だけの「アセンブリ」のカルテを作るのです。

そして、同じ悪いイメージでも「悲しい」と「怖い」の位置の違いを探るなど、基本の4種類をさらに細分化していくことも大切な作業です。または「緊張」と「リラックス」など、別の項目を追加してさまざまな感情の位置を探っていくのもよいでしょう。

同時に、第2章で紹介した観察テクニックを駆使し、「楽しい話をするときには手を挙げる」「悲しい話のときに手遊びをする」など、観察によるほかの情報も盛り込んでいきます。そのデータが増えれば増えるほど、より深い分析がなされた個別の「**メンタリズムカルテ**」が作られていくことになります。

例えば、あなたがセールスマンで新商品を売り込みたいとき、その商品が好意的に受け入れられているのか、イマイチだと思われているのか判断したい時。あなたの手帳や携帯電話のなかに顧客の「メンタリズムカルテ」が作ってあれば、いちいち個別にその人の傾向を思い出さなくても、すぐに判断することができます。

あまり好意的ではなかった場合も、それが現実的な価格面での問題なのか、使用シーンが想定できないなど商品能力の問題なのか、はたまた両方の問題なのか、といったことをカルテから推し量ることもできるようになるでしょう。

何よりも目線の位置で、相手が事実を言っているか、ウソを言っているかがわかるだけでも、セールスや交渉にかなりのアドバンテージが期待できるはずです。

感情の位置をつかむことがいかに有効か、おわかりいただけましたか。

ただし、メンタリズムの本質はここから先にあります。ある意味、ここまでは単なる下準備に過ぎません。**メンタリズムの真骨頂は、得た情報をもとに、いかにして相**

手の心へ入り込み、コントロールするかという点にあるからです。

相手の心理を操る「アセンブリコントロール」

これまで説明してきた話で、あなたは相手の「良いイメージ」「悪いイメージ」のアセンブリ（配置）を把握できたとします。そしてその位置は、相手の感情と直接リンクしていることは、もうわかっています。

これがどういう意味を持つか、わかりますか？

例えば「相手が良いイメージを思い浮かべるとき右を見る」ということは、「相手は右側にあるものを、無意識に良いイメージとして認識してしまう」ということです。

この原理にもとづき、相手のアセンブリを利用して相手の感情をコントロールする方法が、メンタリズムのテクニックのひとつ「アセンブリコントロール」です。

相手と話をするとき、あなたが「良いイメージ」の位置から話しかければ、その人は無意識のうちに、あなたに好印象を抱くことになります。

逆に「悪いイメージ」の位置に立てば、なんとなく嫌な印象を持たれてしまいます。

相手の感情の位置が把握できていれば、相手をコントロールするためにふさわしい位置も自然と決まってくるのです。

あとは、自分が相手のどちら側に立てばいいか、企画書やプレゼン資料をどこに置けばいいかなど、どうコントロールしたいかという目的に応じて位置を変えるだけです。それだけで相手の受ける印象を操作することができるわけですから、非常にわかりやすく使いやすい簡単な方法ではないでしょうか。

先に紹介した質問では、基本的な4種類をピックアップしましたが、より強く相手をコントロールしたいなら、項目は多いに越したことはありません。

増やすとすれば、なるべく人間の基本的な感情を押さえておいたほうが有益です。例えば「恐怖」「怒り」「悲しみ」「軽蔑」など。人間の感情の多くはネガティブなものです。それは、動物として生き残るために必要な感情だからです。となれば、表面的な感情より、本能に近い感情の位置を探っておいたほうが、のちのち役立つはずです。

そして、ここからは具体的なシチュエーションを想定しながら、アセンブリコントロールの実践的な方法を紹介していきます。相手の「アセンブリ」をある程度把握していることを前提とした方法ですので、実際に使用する場合は、各シチュエーションを自らの状況にうまく置き換え考えてください。

CASE1 仕事でミスをして直属の上司に呼び出された！ なるべくきつく叱られずに済む方法は？

まずは、その上司にとって「恐怖」を感じる位置に立つべきです。

例えば、課長（直属の上司）が部長に注意されているとき、部長はどこに立っていましたか？　課長が叱られているとき部長が立っていた方向は、恐怖を感じる位置になっている可能性があります。自然にその位置に立てば、課長のなかでは「怒り」より「恐怖」が強く刺激され、通常より叱りづらくなるはずです。

もしくは、「悲しみ」の位置に立つのも有効な手です。上司が悲しい思い出話をしたときなどに目線の位置を確認しておき、さりげなくその方向に立ちます。上司は「悲しみ」の感情を刺激されることになるので、あなたに同情しやすくなり、弁解に耳を傾けてくれる可能性が強まります。

CASE2 初めての営業先で、すぐに親近感を持ってもらい、打ち解けた雰囲気にする方法は？

初対面の場合、細かい感情の位置をすぐに把握することは難しいです。ただし、焦点をしぼって探ることは十分に可能です。

先に紹介した質問例（P90〜91）をうまくアレンジし、「楽しい」「うれしい」など、相手にとってプラスの感情の位置をつかみましょう。

会話例①

「○○部長のご趣味はなんでしょうか？」

「趣味と言うほどでもないが、まあ強いて言うなら釣りかね」

「釣りですか。大物を釣り上げたときなんて、すごくうれしいんでしょうね⁉」

「まあね、以前大きなタイを釣り上げたことがあって……」

こうした展開になればしめたものです。最後の「まあね、以前大きなタイ……」と相手が話すときに見ている方向には、過去の記憶（真実）だけでなく、「充実感」や「達成感」といったプラスの感情も配置されていることになり、探ることができます。

会話例②

「こういった商品はファミリー層に人気なのですが、○○部長のご家庭でもお使いでしょうか？」

「うちは子どもがまだ小さいから、ちょっと無理だよ」

「そうですか。かわいい盛りなんでしょうね」

「うん、まあ、手はかかるんだけどね……」

最後の言葉のとき、相手は自分の家族、それも保護すべき幼い子どものことを考えています。そのときの目線の位置は、家族に対するような「親近感」や「慈愛」の感情を示しているはず。

このように初対面の場においても、プラスの感情の位置だけでもわかれば十分なアドバンテージを得ることができます。

例えば、アセンブリが相手から見て右か左かだけでも探ることができれば、資料をそのプラスの方向に置いたり、企画書や商品をその方向に持ち上げたり、移動できるのであれば自分のいすを動かすなど、すぐに実行に移すことができます。

CASE3 同僚が飲み会を開きたそうにしているが、約束があるので誘われたくない

相手がずかずかと近付いてくる場合は少々難しいですが、なるべく相手にとって、「悪いイメージ」を想起させる側にいるようにしましょう。同僚にしてみれば、「なんとなく嫌だな」と思う方向ですから、気安く楽しそうに話しかけることがしづらくなります。

それでも誘われてしまったら……。そのときはさりげなく、どんどん「悪いイメー

ジ」の方向へと移動を試みます。例えば、相手の「悪いイメージ」が右下で、もし立ち話をしている状況なら、いすに座ったりするなどして、自分が右下にくるようにします。

そしてその場合は正直に断るのがベストの選択です。あなたは相手にとって悪いイメージの位置にいるわけですから、無意識下で期待値は下がっているはずです。必要以上に粘られたり、断ったことで相手に悪印象を与えたりする可能性は低いでしょう。

CASE4 会社や学校の気になっている異性に、とにかく良い印象を与えたい

単純に考えれば、「良いイメージ」の位置から話しかけるようにするのがいちばんです。ただし、それだけでは、なかなか発展は望めないのが実情です。もし恋愛で活用したいなら、さらに相手の感情位置を細分化することが重要です。

例えば「リラックス」という感情を有効に使います。

日頃から話しかけるときには、常に相手がリラックスする感情の方向からするよう

徹底します。そうすることで、「この人と話していると、なぜか心が安らぐ」といった印象を与えることが可能になります。

こうしたケースでは「忘れられない恋の思い出は？」「好きな人のために尽くしたエピソードを教えて」など、いわゆる「恋バナ」をして「恋愛感情」のアセンブリも調べたいところです。ふたりっきりで食事に行ったときなど、ここぞというときに常にその位置をキープしておけば、最初はなんとも思っていなかったとしても、次第にあなたを恋愛対象として意識するようになる可能性が高まります。

複数相手に有効な「アンカーアセンブリ」

最後に、アセンブリを利用した「**アンカーアセンブリ**」という手法を紹介しましょう。

これは相手が複数の場合に有効な方法です。相手がひとりであれば、その人のアセンブリを利用し、コントロールすることが容易ですが、複数いる場合、それぞれの感情の位置が異なるわけですから、難易度が高くなります。

例えば、クライアント先で複数の人を相手に企画書を使いプレゼンするとき、ある人にとっては好意的に受け入れられる位置から出せたとしても、別の人にとってそこは嫌悪感を覚える位置かもしれません。

決裁権を持つ人物がはっきりとわかっていれば、その人にしぼってアセンブリコントロールを仕掛けることもできますが、相手先の社内でどういう議論になるかわからないわけですから、全員に良い印象を持ってもらうに越したことはないはずです。

そこで、アンカーアセンブリの出番です。

この方法は、プレゼンの時間だけ一時的にアセンブリ配置のイメージ付けを全員に対して行い、心理コントロールしてしまうテクニックです。「**全員に共通するアセンブリがないなら、その場で作ってしまおう**」という大胆な技です。

例えば、会議室でホワイトボードを使用してプレゼンを行うとします。

このとき、まず最初に国内の景気や業界の動向など、基本的な情報について触れるとしましょう。

ホワイトボードの右側には良い面を列挙していきます。反対に左側には悪い面を列挙する。そうするとその場にいる人には、なんとなく右側はプラス情報、左側はマイナス情報というイメージが無意識に植え付けられることになります。

そして最後に、自分が提案する企画を紹介するとき、企画概要や目的、メリットなどを右側に書いていきます。そうすれば、露骨に主張しなくても、その企画は「プラス」のイメージで受け止められることになるのです。

人間の感覚には、慣性があります。

あなたは子どもの頃に「10回ゲーム」をしたことはありませんか？　「『ピザ』と10回言って」というようなゲームです。相手が実際に10回「ピザ」と繰り返したあと、肘を指さして「ここは何？」と聞くと、相手はつい「ヒザ」と言ってしまいます。これは慣性の仕業なのです。

最初の段階では、良いイメージも悪いイメージも付いていないホワイトボードですが、何回も繰り返しイメージ付けを行うことで知らず知らずのうちに慣性が働き、ボードを見ている人に、意図した通りのイメージ配置が刷り込まれていくわけです。

では、アンカーアセンブリについても、具体的なシチュエーションを挙げて活用方法を紹介していきましょう。

ＣＡＳＥ５　取引先が仕入れ先を自社と競合他社とで迷っている。あからさまにならないよう、我が社の製品を売り込むコツは？

もしホワイトボードがあれば、先に紹介した方法をアレンジして活用しましょう。右側に、製品を使用する場合の利点といったポジティブな要素を書き出し、左側には取り扱いの注意点や、それを守らなかったときにどうなるかなど、ネガティブな雰囲気を持つ要素を書き出して、「良い」「悪い」のイメージを植え付けます。

パワーポイントなどを使用する場合はもっと簡単ですね。あらかじめ、このようなプレゼン資料を作成しておけばいいわけです。

そして話の最後に、自社のパンフレットを右、他社のパンフレットを左に持って話をすれば、相手はなんとなく、右側のものに良い印象を持つはずです。

ホワイトボードがない場合も、良い話をするときは右手を上げたり自社のパンフレットを持ったり、悪い話をするときは同様に左手を上げたり他社のパンフレットを左側に置いたりします。こういった行動を続けることで、より強く効果が得られます。

実はこれは次の第4章で説明する「条件付け」の手法を使っています。アセンブリを用いたテクニックは、非常に容易で取り入れやすい操作法なのですが、相手が強い意志を持っている場合などは、アセンブリコントロールだけでそれを覆すのは、少々難しいことも事実です。

そこで、他のテクニックとうまく組み合わせることが重要になってきます。そのひとつが次章で紹介する「条件付け」です。

メンタリズムは、さまざまなテクニックを組み合わせて使用することができるのが特徴です。次章ではメンタリズムの醍醐味と言える複合技を紹介していきます。

「アセンブリ」のまとめ

● イメージアセンブリ

人の思考や感情は、空間的に配置されている。

目線の方向が、思考や感情のアセンブリ（配置）となり、人によって位置は異なる。
そのアセンブリを利用し、相手の心をコントロールすることができる。

● イメージアセンブリ・リーディング

目線の方向（感情の位置）から、相手の傾向を読み取ること。

質問をして、基本の4種類の感情を探る。

［ 良い（プラス）感情or悪い（マイナス）感情

事実（本当）の感情or空想（ウソ）の感情 ］

● メンタリズム（アセンブリ）カルテを作る

相手の感情のアセンブリを覚えておく。
さらに、基本の4種類の感情を細分化していく。

● アセンブリコントロール

イメージアセンブリによって得た情報をもとに、相手の感情をコントロールする方法。

● アンカーアセンブリ

複数の相手に対して、一時的に共通するアセンブリを構築する方法。

第4章
条件付け

4th Mentalism
Conditioning

無意識の「条件付け」を意識的に使いこなす

「条件付け」とは、相手の心のなかにあるイメージや反応を、特定の動作と結び付けてしまうことを指します。

有名なものには「パブロフの犬」と呼ばれる条件反射の実験があります。

これは、毎日必ずベルを鳴らしてから、犬にエサを与えることを繰り返すと、「エサをもらう」という行動と「ベルの音」が結び付き、ベルを鳴らすだけで犬の心のなかにエサを食べるイメージが湧き上がってきて、よだれを垂らすようになるというものです。

この動物の生理的な特性を、相手の自覚がないところで、もっと無意識のなかに働き掛けるのが、メンタリズムでいう「アンカー」となります。アンカーとは、相手に植え付ける一定の条件のことを指し、「パブロフの犬」の実験の場合は、「ベルの音」がアンカーとなります。

先ほど第3章で説明した「アンカーアセンブリ」は、空間を利用した条件付けの一種でした。この場合は、「右」や「左」という位置関係そのものに、心理的なイメージが植え付けられ、その位置関係が見る者に「アンカー」として作用するわけです。

こう説明していると、ちょっとややこしい印象があるかもしれませんが、条件付けの考え方は、本当はとても簡単です。実はあなたも、普段から意識せずに使っているのではないでしょうか。

例えば、恋人とケンカをして気まずくなったとき、なんとかその場をフォローしようと、最近ふたりで話していて盛り上がった話題をさりげなく出してみる、というようなことはありませんか？

これは、「盛り上がった話題」と直結する「楽しかった印象」を思い出させることで、少しでも相手の態度を軟化させようとしているわけです。意識せずにアンカーを使っているわけです。

また、「仕事から帰宅すると、まずは必ず靴下を脱いで洗濯機に入れる。そうしないと、家に帰った気がしない」という人がいるとします。

この場合は、「靴下を洗濯機に入れる」という行動が、「帰宅したリラックス感」に結び付いているから、日々、日課のように繰り返しているのです。

このように、普段は無意識に使っているアンカーをいかに意識して使いこなすかが、本章のテーマとなります。

一対一の「条件付け」はいちばん簡単

アンカーには、大きくわけて3種類あります。

観察ができている人に、一対一で使うアンカー。相手が複数の場合に、こちらで条件付けを構築してしまうアンカー。そして自分自身に使うアンカーです。

もちろん、さまざまな状況や使用者のキャラクター、相手との関係性において、あらゆるバリエーションが出てきます。しかし、どの場合も基本は同じです。要は、一**定の動作や行動を一定の感情と結び付け、何度もそれを繰り返すことに尽きます。**

それではまず、一対一のアンカーから説明しましょう。

これはいちばん簡単な方法ですが、なかでも取り入れやすいのが、「**相手の感情ごとに、自分がとる仕草や動作を決めておく**」というもの。

例えば、相手が笑ったら、あなたは自分の鼻をこする。相手が困った顔をしたり不機嫌な表情のときは、自分の髪を触る。それを何度も繰り返していくと、相手にはあなたの仕草が「アンカー」として打ち込まれます。

あなたが鼻をこすれば相手はなぜか楽しい気持ちになり、あなたが髪を触れば、なんとなく嫌な気持ちになる……という現象が起こるようになるのです。

そのアンカーを打ち込んだ相手が不機嫌になり、周囲に当たり散らしているとしましょう。

あなたはその相手に話しかけながら、さりげなく鼻をこすります。あなたが鼻をこするという動作は、相手が上機嫌であることと結び付いていますから、相手の不機嫌は徐々に収まってくるはずです。

ただし、「なんかこいつ、俺が機嫌のいいときに合わせて〇〇をしてくるな」などと相手がこちらの意図を察してしまったら、まったく効果がなくなります。あくまでも相手が気付かない状態で、さりげなく無意識のなかにアンカーを打ち込んでいかなければなりません。

大切なのは、普段からあなたが日常で無意識に行っている動作や仕草をさりげなく相手のなんらかの感情に結び付けるようにしておくこと。突然、何かあったとき急にどうにかしようとして焦っても、到底間に合いません。逆に言えば、普段から巧妙にアンカーを仕込んでさえおけば、いざというとき上手に切り抜けることができるようになります。

CASE1 後輩がミスをして落ち込んでいる。ストレートに励ますのではなく、自然と早く元気を出してもらう方法は？

普段から、後輩の機嫌のいいとき、調子のいいときに「頑張ってるな」「しっかりやってるか⁉」などと言いながら、肩をポンと叩くようなコミュニケーションの関係を築いておきます。

その時点では単なる先輩のはげましやちょっかいに過ぎない行動ですが、彼のなかでは「先輩に肩を叩かれる」ことと「機嫌がいい」ことのふたつが、潜在意識のなかで結び付くことになります。

何かミスがあって落ち込んでいるとき、普段と同じように肩をポンと叩かれると、自分の心がプラスへ向かうイメージにつながりますから、気持ちが上向くはずです。さらに相手の「リラックス」のアセンブリ（配置）を把握しておいて、その方向から肩を叩いて励ませば、効果が倍増します。

もちろん悩みが深い場合などは、それだけでは解消されないかもしれませんが、人間関係を円滑にするという意味では十分に有効です。少なくとも「先輩がいると気持ちが明るくなる」という印象を与えることはできるのです。これは同時に相手にとって、あなたが「リラックスさせてくれる素敵な人物だ」ということを無意識下に入れる作業も兼ねているため、さらにプラス効果になっていきます。

このようなケースの注意点がひとつあります。もし、後輩が普段から誰にでもよく肩を叩かれている人物であれば、「肩を叩く」という行動は**スイッチ（アンカー）として成立しません**。

ほかの人が肩を叩くとなると、その後輩の機嫌が悪いとき、もしくは眠いときや考え込んでいるときなど、さまざまな状態で同じ動作（肩を叩かれる）を経験しているわけです。となれば、「肩を叩かれる」＝「機嫌がいい」と、すぐ結び付かなくなり、効果が弱くなるのは当然のことです。

ですから、効果的に相手に直接アンカーを付けるためには、その人が普段あまりされないことを選ぶようにします。

相手をしっかり観察し、どういう動作でどの場所をタッチしてアンカーにするのが適切かを考える必要があります。そして、いちばん大切なことは、**繰り返し気付かれずに続けることです。**

アンカーには、相手のクセや習慣を利用する

もともと相手のなかにあるアンカーを利用し、条件付けを行うという方法もあります。

機嫌のいいときはネクタイを触るクセがあるとか、都合が悪くなると首をかしげたり、飲み物を飲むなど、人間には誰しも、何かしらのクセや習慣があるものです。

それを日頃からじっくり観察しておきます。

クセとそのときの相手の心理状態が把握できれば、こちらが同じ行動を見せることで、同じイメージを与えることができます。

例えば、大きな取り引きがある日は、勝負服として赤系のネクタイを締めるという人がいたとします。その人には、「気合を入れる」＝「赤いネクタイ」というイメージがもともと植え付けられているわけです。

これは、相手が自ら形成した「条件付け」となります。それなら、こちらも赤系のネクタイを締めていったり、赤の小物を持っていくと、「こいつ、今日は気合が入っているな」と相手に思わせることができるのです。

ある意味でＴＰＯも、この「条件付け」の一種と言えるでしょう。

普段は割とカジュアルな格好をしている人が、仕事の打ち合わせや会議の席では、必ずジャケットを羽織って出席しているとします。

「会議時はジャケット着用」などのルールがあるなら話は別ですが、その人が自主的にそうしているとすれば、つまり「ジャケットを着る」＝「信頼を得られる」という強い条件付けがもともと形成されているということになります。

このケースは、社会人なら今さら言われるまでもない、常識的な話と言えばそれまですが、それが相手の心のなかでアンカーとして埋め込まれているかどうかは別の話です。

少なくとも、普段からいつもジャケットを着ているわけではなく、会議の席上だけ羽織る人にしてみれば**「ジャケットを羽織る」というアンカーは、一般的に考えるよりも、かなり特別な意味を持っていることになります。**

ですから、その人に「きちんとした人だな」という印象を持ってもらい、ビジネスパーソンとして信頼を得たいなら、最も手っ取り早い方法は「ジャケットを羽織る」になるのです。わかりやすい話ではないでしょうか。

これは、心理学用語で「ヒューリスティックス」を利用する例とも言えるでしょう。ヒューリスティックスとは、簡単に言うと、「見た目などパッと見てわかる簡単な情報を基準に、何かを判断する」個人的な意思決定の手法です。

例えば、「メガネをかけているから真面目」「茶髪で身なりが派手な女性は明るい」などのイメージもヒューリスティックスの一部です。

ですから、あるシチュエーションで、もし真面目な人物像が求められるなら、伊達メガネをかけていく、という手もありますし、相手の持つイメージを逆手に取って自分のイメージを作り上げることも可能です。

上手な占い師やセラピストは、こういった相手のクセや習慣、ヒューリスティックスをもうまく利用します。自分に好印象を抱いていない相手に、こちらから条件付けを実行するのは、なかなか難しいもの。

相手がすでに備えている要素を利用したほうが効率的で、かつ確実です。そうやって心を開かせたあと、じっくりとこちら側からも条件付けしていくわけです。

相手が持っているものを利用する方法は、それだけ応用の利くテクニックだということになります。

初対面の相手にもアンカーは付けられる

同じ一対一のアンカーを埋め込む条件付けでも、営業先やセールス相手など、普段は一緒にいることがなく、アンカーをあらかじめ付けることができない対象の場合はどうでしょうか。1時間や2時間では、アンカーのテクニックを活用することはできないのでしょうか。

いいえ、決してそんなことはありません。「この動作を埋め込む」と意識して行うことができれば、初対面でも、短時間でも十分にアンカーを使いこなすことができます。シチュエーション例を挙げて解説していきます。

CASE2 取引先の部長はおしゃべり好きで、なかなか話が進まない。機嫌を損ねずうまく商談を進めるには？

相手に絶対聞かせたい話がある場合、例えば、その話を切り出す前に「必ず出されたお茶を飲む」などの動作を入れましょう。そして、お茶を飲んだあとは間を空けずに話を切り出します。

このとき、多少相手の話の腰を折る形になっても構いません。そのあと良い雰囲気で商談が進めば、相手は話の腰を折られたなど些細なことは忘れてしまいます。

ひとしきりこちらの要望を伝えたら、いったん話を変えて流れに任せます。また話が脱線しても構わないので相手に好きなようにしゃべらせ、その話にわざと乗って和やかな雰囲気を作り上げます。そして頃合いを見計らい、またお茶を飲んで、強引に話を切り出します。こうしたことを何度か繰り返します。

すると、相手の心のなかには「あなたがお茶を飲む」=「大事な話を始める」という条件付けが、いつのまにかできあがるので、お茶を飲む動作をするだけで、自然と耳を貸すようになり、聞く姿勢になってくれます。

相手が複数なら、こちらのルールを押し付ける

では、メンタリズムの対象が複数のときはどうでしょうか。

前章の「アンカーアセンブリ」でも説明した通り、相手が複数いると、個別に観察して適切なアンカーを付けることが難しいケースがあります。

特に会議やプレゼンなどで複数の人間が集まった場合、最初の5分ほどの間に、その場におけるルールが暗黙のうちに規定されます。「よく話す人」「聞き役の人」……

など、その場におけるお互いのキャラ設定ができてくるのです。飲み会や合コンなどのプライベートの場でも同じです。あなたも身に覚えがあるのではないでしょうか。特に新入社員や新入生のときの第一印象でできたキャラクター付けは強力で、なるべく早く修正しないと、ずっと使いっぱしりになったり、発言権のない人になったりもします。

これらも一種の条件付けと言えます。

最初に頑張って発言しておくと、その後も発言しやすくなりますが、最初の5分間に一言も発さず聞き役で過ごしてしまうと、その後なんとなく話し出しにくい心理状態になってしまい、発言しづらくなる……。

これは、心理学でいう「初頭効果」。人間には、最初に付いたイメージが残りやすいのです。だから、最初から発言したほうが、その後言いたいことがスムーズに言える心理状態を作れますし、話を先導する人物だと周囲が無意識にルール作りをしてくれます。気弱に様子見していると、誰かの作ったルールに乗っかることになってしまう。平たく言えば、最初にルールを作ったものの勝ちということです。

そこで、複数相手のアンカーテクニックが意味を持ってくるわけです。

次のシチュエーションを例に挙げ説明していきます。

CASE3　初めての取引先と顔合わせの挨拶。自分の社に良い印象を持ってもらうには？

初めての顔合わせであれば、最初はまず世間話的なテーマから入ることも多いはずです。天気の話題、業界の景気の話、お互いの会社の事業内容などが一般的でしょう。その話題のなかで、何かが「良い」という話になったときが重要なポイントです。「天気が良い」「〇〇社のあの商品がヒットしている」「最近ヒットしているあの歌は良い」などどんな話題でも構いません。

例えばそうした「良い」話題になったときに、胸に手を当てる動作をします。反対に、何かしら「悪い」という話のときには手を机に置くという動作を繰り返します。

動作に関してはなんでも大丈夫です。

コップの水滴をふく、顔に手を当てる、ペンを持ち替える、というようにどんなことでもいいのです。

とにかく大切なのは、いったん決めたらその動作を繰り返すことです。それによって、その場における「良い」と「悪い」のアンカーを打ち込み、条件付けを形成します。

特に相手の会社やその業界の話題のときは、話している人のなかに「良い」「悪い」のイメージが強く湧いているはずですから、アンカーを受け付けやすくなります。

何度も繰り返して、きちんとアンカーが付いたと思ったら、「良い」を連想させる動作をしながら、あなたの会社の話をするのです。相手は複数いるわけですから、ひとりひとり感じ方は違うと思いますが、その場で作られた条件付けが多少なりとも影響を与えていくはずです。

今までの例でもそうですが、「胸に手を当てる」「手を机に置く」といった動作自体には特に意味はありません。極論すればなんでもいいのです。

要するに、**その場のルールを自分で意識して作っていくことがすべてです。**自分の行動に何かしらの意味を付けることで、相手がひとりでも複数でも、じわじわとボデイブローのように印象を植え付けることができるのです。

集中も緊張も自在に操る自己アンカー

条件を植え付けるアンカーは、**自分自身にも使うことができます。**簡単に言えば、これは自己暗示のようなものです。

私はよく指輪を着けるのですが、普段は右手の人差し指に着けています。その着けている指輪を、レポートなどを書くときだけ左手に移すようにしています。

私は右利きなので、指輪を着けていると単にペンを持ちにくく、邪魔だからそうしているということもあるのですが、「指輪の位置を変える」という行動と「集中してレポートを書く」という行為が繰り返し行われたため、そこにアンカーが形成されることになりました。

結果、「指輪の位置を変える」という行為がスイッチとなって集中力が増し、レポートを一気に書き上げることができるようになったのです。

言ってみれば、ジンクスのようなものですが、どんな人でも、どんな状況にでも応用できる方法ではないでしょうか。

アンカーを自分に使えばポテンシャルが上がる！

例えばビジネスシーンでは、大事なプレゼンやセールスに備え、「リラックス」のアンカーを作っておくことで、緊張を少しでも和らげることができます。

同じ指輪を例にして説明します。

私は普段の自由気ままな時間や、リラックスした状態のときに、指輪を中指に着けるようにしています。こうして「リラックス」のアンカーとして「指輪を中指に着ける」という行為を自分に植え付けておきます。

そうすると、**「指輪を中指に着ける」という行為と「リラックス」が結び付きます。**

パフォーマンスで人前に出るときやテレビに出演するときなど、どうしようもなく緊張したときに、指輪を中指に着けるようにすれば、自分自身に植え付けられているアンカーが作用し、自然と極度の緊張から解放され、リラックスでき心地良い精神状態に変化していくのです。

もちろんこれは「指輪を着け替える」という行為でなくても構いません。「腕時計を一度外しはめ直す」「ネックレスを触りながら目をつむる」「メガネをふく」など、なんでもいいのです。


ただ、自分自身へのアンカーを付ける際は、まず自分が、しっかりと条件付けの状態にあるときに行うことが大事です。先に挙げた例で言うと、「心地良いリラックス状態のときにだけ、指輪を着け替える」という行為をすることが大前提です。

心がもやもやしていたり、焦っている状態に、アンカーを付けてもむしろ逆効果ですし、しっかりと条件付けがされることはないでしょう。

自己アンカーの形成のためには、1日に必ずこうした時間を設けるようにするのもひとつの手です。

例えば「朝にカフェで新聞を読んだり考えごとをしているとき」「夜、家でストレッチをしているとき」など、リラックスし過ぎず心地良いぐらいの、自己アンカー専用の時間や状況を作ります。そこで繰り返し繰り返し、アンカーを植え付けるようにします。

アンカーは繰り返しが重要です。もしそれが足りなかった場合は、人間の強い感情である「緊張」に上書きされてしまいます。

自己アンカーは、できるだけ何度も繰り返しておきましょう。そうすれば、とても強い緊張状態に置かれても、それに負けることなく、リラックスしているイメージがしっかりと引き出され、心が落ち着くはずです。

自己アンカーにも欠点がある

この自己アンカーの方法は一見簡単なのですが、実はひとつ欠点があります。

それは、そもそもアンカーを埋め込み、条件付けを行うときは、対象者に意識されてしまうと効果がなくなるということ。無意識のうちに、なんとなく埋め込まれているようにすることがいちばんの理想です。

そうなると、相手（対象者）が自分である自己アンカーには矛盾が生じます。自分は当然意図を知っているわけですから、そこが難しいところです。

ですから、アンカーをしっかり埋め込むためにも、繰り返し行うことはもちろんのこと、日常的には絶対にやらないようなことをアンカーにするのをおすすめします。

例えば「時計を触る」というシンプルな行動ではなく「時計を外し、文字盤をふく」などより明確にすれば効果は上がります。**新しい何かを埋め込むには、なるべく普段しない動作を選ぶのがコツです。**

例えば、アンカー用に新しい携帯ストラップを購入するというのもひとつの手でしょう。「ストラップを握りしめたときに○○する」などという条件付けを決め、今まで持っていなかったアイテムを導入して新たに設定をすることで、アンカーとして使いやすくなります。

マイナスのアンカーを利用しプラスに転じる

逆転の発想で、すでに自分のなかに定着しているアンカーを探してみる方法もあります。先に説明した「相手の行動やクセのなかにある条件を探す」の自己バージョンです。

普段の生活のなかで、人は何かしら条件的な行動をしているものですが、気付いていないこともあります。それは良いアンカーばかりではありません。当然、悪いアンカーもあるはずです。

私の場合、パフォーマンスで使用するフォークを何種類も持っているのですが、あるときひとつのフォークを見ていて、「よく考えたら、うまくいかないときは、いつもこのフォークを使っている気がするな……」と思う瞬間がありました。パフォーマンスがうまくいかないことと、そのフォークには直接的な関連はないはずですが、この心の内にある、「なんとなく嫌な感じ」が、とても大事な感情です。

もしこの感情をうっかり忘れていて、当日にパフォーマンス会場で取り出したフォークが、不幸にもその「うまくいかないフォーク」だったとしたら、どうでしょう？当然少なからず動揺が生まれ、「うまくいかないんじゃないか……」と弱気になり、その日のパフォーマンスが不満足な出来になってしまう可能性が高くなります。知らず知らずのうちに心に入り込んでいたマイナスのアンカーは、そうやって作用してしまうのです。

ですから、そういうときは、「そのフォークを使わない」という選択が、プラスのアンカーに変化します。つまり、**マイナスのアンカーがかかっていると気付いた場合は、簡単にその感覚を捨て去ることもできるのです。**

日頃の悪い流れを簡単に改善できる

少し話が逸れますが、巷にある受験必勝本には「ベッドではなく布団で寝る習慣をつけなさい」と書いてあるものがあります。

これはどうしてだと思いますか?

一般的な家庭の受験生の部屋は、普通、1室のなかにベッドと机がありますよね。これが良くないのです。

「ベッド」という存在には、毎日の行動により「眠る」という行為がアンカーされています。

たいていの場合、眠っているときはリラックスしているわけですから、それを想起させるものが近くにある状態で勉強するという行為に、無理が生じてきてしまうのです。長い時間、集中するのは難しくなります。

ですから、布団のほうがいいと言われているのです。

布団は起きたら畳んでしまうことができます。勉強しているときに「眠る」という行為のアンカーを見なくて済むわけですから、今までより集中しやすくなります。

もし受験生の方で、今ベッドを使っているなら、何かひとつを変えればいいのです。「朝起きたら枕をしまい、寝る前に出す」といったようなことで十分効果は現れます。寝るときに枕を出せば「リラックス」のアンカーになりますし、起きて枕をしまうときには「目覚める」ことのアンカーも作れます。

自分でも意識しないあいだに、自分のポテンシャルが下がってしまうようなアンカーがあるとすれば、これは非常にもったいない話です。

マイナスのアンカーを取り除くことは簡単なわけですから、生活習慣を思い返し、一度探してみてはいかがでしょうか。

アンカーを少し意識することで、日頃「なんかうまくいかないな」と感じている悪い流れを、意外とすぐ改善できるかもしれません。

失敗してもデメリットが少ない

このように、「条件付け」、そして「アンカー」のテクニックは非常に応用範囲が広く、簡単に取り入れることができます。

それだけでなく、**アンカーは失敗しても大して影響がないことが最大の利点だと思います。**

最初から相手に気付かれないようにしているわけですから、相手にその条件付けがうまく入らなかったとしても、それだけのことです。万一気付かれたとしても、相手は「何をやっているんだろう?」と不思議に思う程度でしょう。

どちらにせよ、アンカーを作ることには失敗しますが、それ以上の影響はないわけです。

それは、逆に言うと、**アンカーそのものの効果はそこまで強力ではないということでもあります。**何度も繰り返し、しっかりと打ち込まれたものは別ですが、こちらの意思で作ったアンカーひとつだけで相手の心理を完全にコントロールできるかというと、それはかなり難しい場合も多々あります。

第2章「観察」で説明した通り、こちらの動きに対する相手の反応を観察し、反応に応じてまたこちらの対応を変えていく一歩踏み込んだ姿勢が求められる、ということを忘れないでほしいと思います。

アンカーに限らず、この本で紹介するすべてのテクニックがそうですが、さらにこのあとで紹介する「マッチング」や「マーキング」といったテクニックを複合的に使用することで、メンタリズムの力が最大限に発揮されるのです。

「条件付け」のまとめ

相手の心のなかにあるイメージや感情を、特定の仕草や行動と結び付けること。
アンカー（相手に植え付ける一定の条件）には3種類ある。

1「一対一」で使うアンカー

・相手の感情に合わせ、自分が常に同じ動作を繰り返す。
・相手のクセや習慣を利用する。

2「一（自分）対複数」で使うアンカー

・条件を勝手に決め、「条件付け」を構築してしまう。
・自分のルールを密かに押し付ける。

3 自分自身に使うアンカー

・自己暗示やジンクスのようなもの。
・集中や緊張を自在に操ることができる。
・マイナスのアンカーはプラスに転じることが可能。

**アンカーは失敗してもデメリットがない。
アンカー+「マッチング」「マーキング」などの複合技の効果のほうが強力。**

第5章 マッチング

5th Mentalism
Matching

共感と信頼感で相手を操る！

心理学用語に「ラポール」という言葉があります。心理学の本を読んだことのある人なら、一度や二度は目にしたことがあると思いますが、これは「共感」「信頼関係」という意味です。**そのラポールを意識して作り出してしまおうというのが「マッチング」**。別名、「同調法」とも言われます。

方法は非常に簡単です。**基本的には相手のクセや動きを真似る、つまり同調するだけでいいのです。**これを聞いたあなたは、「簡単過ぎて信用できない」と思うかもしれませんが、人間は似たような行動を取る相手に対して、無意識に親近感を覚えるものです。それはもう、本能的な反応です。

ですから、マッチングで「フィーリングの合う人だ」と思わせ、ラポールを形成することにより、無意識レベルでの信頼感を獲得し、親近感を抱かせることができるわけです。

その結果、「この人のために頑張って仕事をしよう」とか「この人と恋に落ちてもいいかな」と、相手に自発的に思わせることができます。

前章までに紹介してきた「場面把握」で戦略を立て、「観察」で性格や心の動きを見定め、「アセンブリ」を把握し本音を読み取り、「条件付け」で誘導する。これらのテクニックで、あなたはある程度相手の心に影響を与えることができるようになってはいますが、それでもあなたは相手にとって、まだ「外側」の存在と言えます。

相手の心のなかに完全に入り込み、絶対的な信頼関係を築くには至っていません。

相手を観察し、感情の位置を探ってアセンブリを利用したり、アンカーを付けたりする方法は、相手の心を知り、それを次の展開へと活かすための方法論です。

解説中にたびたび付け加えたように、それひとつで相手の心を動かせるほど強力なものではありません。相手にはっきりとした逆の意志があれば、それを覆すことはできませんし、相手の行動を強く縛ることもできません。相手の感情のなかで、大きな抵抗がない部分に関して、それをより引き出しやすくする方法と言えます。

それに対してマッチングは、相手により深く入り込み、心に直接働き掛ける作用があります。メンタリズムにおける心のコントロールのより深い部分に入っていく入口として、最も簡単な方法がマッチングなのです。

ワンテンポ遅れて相手と同じ動作をする

マッチングの基本は、ただ相手の真似をするだけですから、なんら難しいことはありません。誰でも今すぐに実践できます。

例えば仕事の打ち合わせや同僚との飲み会などで、相手がグラスを取ったら、ワンテンポ遅れて自分も同じようにグラスを取る。

肘をついたら、さりげなく自分も肘をつく。

相手が足を組んだら、自分も足を組む。

相手の仕草や行動を、ワンテンポ遅れて真似するわけです。

この場合「マッチング」を実行するときのポイントは「ミラーリング」を意識すること。**正確に相手と同じ動作をするのではなく、鏡に映った像のように対称に真似るのです。**

相手と向かい合って座っているとしたら、相手が右手でグラスを取れば、自分は左手で取るわけですね。相手が左肘をついたら、あなたは右肘。

ただし、**このマッチングでいちばんの注意点は、相手に「真似をしている」と気付かれないようにすること。**

マッチングは、相手の潜在意識に訴えかけることが目的です。相手に気付かれたら、そこでもう終わりです。あくまでも相手にばれない範囲で、自然に真似をすることが大切なのです。

喜んでいるときなど、プラスのイメージを持っているときの行動を真似ることも有効です。例えば、相手が面白い話に手を叩いて笑っていたら、あなたも同じように手を叩いて笑います。

涙を流すぐらい笑っているなら、あなたも笑い過ぎて涙が出たようなふりをする。盛り上がりを共有できることで、相手の潜在意識に訴えかける力も強くなるのです。

ビジネスの場でも同じです。同僚が、大口の契約を取ってきて、思わずガッツポーズをしたとしましょう。そのときはあなたも一緒にガッツポーズをしてください。大げさにハイタッチなんかをするのもいいでしょう。

特に気分が高揚している状況だけに、そのマッチングは相手の心に強く残り、あなたに親近感を持ってくれるはずです。

相手が同じ行動をとればマッチング成功

こうして、ある程度相手にマッチングを試みたあとは、相手の潜在意識にどの程度入り込んだか、成果を見てみましょう。

今までは、最初に相手がグラスを取り、ワンテンポ遅れてあなたが真似をしていました。それを今度は逆に、あなたがまずグラスを取って、相手が無意識に真似をするかどうかを見るわけです。その段階で本当にあなたと相手の間にラポールが形成されていれば、相手は意識せず、なんとなくあなたと同じ行動をとってしまいます。それによって、マッチングが成功したかどうかが確認できるのです。

よく、親子や恋人はクセや趣味嗜好が似てくると言いますよね。みなさんのなかにも、「仲のいい友達としゃべっていて、同じセリフでハモってしまった」などの経験がある方もいるでしょう。実はこういったことも、知らず知らずのうちに蓄積されてきたマッチングの結果なのです。

人間は、常に自分で考えて、自分自身の判断によって行動していると思いがちですが、実はそうでもありません。

五感を通じて日々入ってくる情報量は膨大で、それらすべてに対していちいちじっくりと考え検討して結論を出すということは現実的に不可能です。**実際のところ、人の行動や感情のかなりの部分は、無意識下の情報処理によって決定されています。**

言い換えると、周りの情報によって、無意識の内に感情も行動も決定されてしまっている場合が実に多いのです。だからこそ、マッチングで同じ行動をとってくれている人に、ついつい安心感を抱くわけです。シンプルな技法ではありますが、相手に「自分とフィーリングの合う人だ」と思い込ませる力は、相当高いです。

スプラリミナルとサブリミナル

「サブリミナル効果」という言葉は、みなさんもよくご存じだと思います。

映像のなかに一瞬だけ、普通に見ていると認識できないようなスピードで違う画像などを交ぜておくと、それが潜在意識にインプットされる、というものですね。

では、「スプラリミナル」という言葉を聞いたことはありますか？　あまり耳慣れない言葉だと思いますが、実はこちらのほうが、心理的に与える影響ははるかに大きいのです。

現在の心理学では、「サブリミナル」はマイナスのイメージにしか作用しないとされています。

海外の大きな選挙戦では、選挙ＣＭの映像のなかに、悪魔の形相をイメージした相手陣営の立候補者を戦争の光景をバックにほんのごく一瞬、何分の1秒間程度で交ぜて流す、というようなことをします。これは相手陣営にマイナスのイメージを植え付けるための手法です。

相手を妨害するより、自分たちの陣営にプラスになる方法を採ればいいのに、と思うところですが、サブリミナルはプラス方向にはほとんど作用しないため、このような手法を採るしかないのです。

たとえ自分の陣営のメッセージ映像に良いイメージの映像を何分の1秒か入れても、

その立候補者のイメージが良くなるということはまずあり得ません。つまり、サブリミナルはマイナスイメージに対してだけ作用するということが言えます。

これに対して「スプラリミナル」は、プラスのイメージを植え付けることができる心理効果です。認識していない知覚に訴えるサブリミナルに対して、スプラリミナルでは、対象者はその事実をしっかり認識しています。ただ記憶にとどめていないだけなのです。

ある人が仕事をしているとき、同じ部屋のなかでテレビが映っていて、ラーメン特集をしていたとします。

その人は仕事に集中しているので、テレビは見ていません。

たまに顔を上げたときなどに、ちょっと目に入る程度です。そのときラーメンが大きく映し出されていれば「ああ、ラーメンか」程度は思うでしょうが、すぐ仕事に戻り集中し、ラーメンのことは頭から消えます。

ところが、ようやく仕事が一段落し、「お腹が空いたな。何か食べに行こうかな」

と思ったとき、その人はなんとなくラーメンが食べたくなっているのです。

これがスプラリミナル効果です。

サブリミナルに比べてスプラリミナルは、相手に対する強制力、影響力が非常に大きい。さらに、一瞬であっても自分がちゃんと認識できる状態で見たものに対しては、好印象を持つ場合が多いのです。メンタリズムでは、この効果を大胆に取り入れてパフォーマンスする場合も多々あります。

マッチングの技法が、直接スプラリミナルと直結しているわけではありません。

ただし、マッチングはすべて相手に見える状態で行っています。隠れてやっても意味がありませんので、それは当然です。**知られてはいけないのは、「意識して真似をしている」ということだけ。**

――つまり、目の前の人間が自分と同じ行動をしているのには気付かなくても相手の目に入っているわけですから、**それはスプラリミナルの効果にかなり近く、結果として良い印象につながりやすくなるのです。**

マイナスのマッチングを有効に使う

マッチングは相手の警戒心を拭い去り、信頼感、親近感を与える方法ですが、それはプラスの感情だけとは限りません。マイナスの感情にマッチングし、日常で起こり得るシチュエーションに役立てる方法もあります。例を挙げて説明していきます。

CASE　仕事で上司に叱られ、しっかり謝っているつもりなのだが、上司は「本当に反省しているのか！」とさらに激昂。どうすれば反省していることが伝わる？

上司が声を張り上げて怒っているとき、叱られるほうは何も言えず、ただ身をすくめて小さくなってしまいがちです。こういうときは、マッチングを行うべきです。とはいっても、間違えないでください。相手が怒っているからといって、こちらも怒るというわけにはいきません。それでは単なる逆ギレになってしまいます（笑）。

そうではなくて、**こちらも激しくオーバーアクションで謝罪するのです。**小さく縮こまっているより、相手のテンションに合わせてマッチングして、少々ウソくさくなってもオーバーなリアクションや上司と同じ大きさの声で謝り続けるほうが、よほど効果的と言えます。実際にこれは実験結果として出ています。

激しく怒っている人に、同じように激しくオーバーアクションで謝る人と、シュンとして小さくなり、ほとんど動かずに謝る人を組み合わせ、その感想を聞くというものです。実験後、激しく怒っていた人に感想を聞いたところ、シュンとしていた人より、激しく謝った人のほうを「あいつは見込みがある」と思ったというのです。

結局、怒っている人は、自分が「いかに怒っているか」を伝えたいだけなのです。

ですから、同じように声を上げ、体を震わせながら激しくオーバーに謝ることで、感情の高ぶりをマッチングできれば、相手にも「自分の怒りが伝わった」という手応えが生まれます。逆に言うと、激しくリアクションをしないと反省が伝わる可能性も低くなるということです。

静かに怒る人には抑えたアクションで謝罪を、激しく怒る人には激しく謝ったほう

が、より「反省している」というイメージが伝わりやすくなるのです。

言葉を同調させる

同調するポイントは、相手の行為、行動だけではありません。例えば、**言葉に同調する方法もあります。**いちばん簡単なのは、**相手の言葉を一部復唱することです。**

これは「トラッキング」と言います。また、相手を褒めたり、発言に同意したりするときの繰り返しを「フィッティング」と呼び、特に効果が高まります。

次の会話例を見てみましょう。AがBの取引相手だとして、Bが「トラッキング」を実践しています。

A「次の新商品は趣味性が強いから、30代の男性をターゲットに展開しようとしているんだよ」

B「そうですね。おっしゃる通り、次の新商品は趣味性が強いので、30代を中心とした男性をコアターゲットにするといいと思います」

このように、Bの受け答えとして、ただ「私もそう思います」と一言で済ますのではなく、相手の言葉を復唱しながら肯定すると、プラスの印象が強くなります。

こうして文字にしてしまうと、わざとらしく感じるかもしれませんが、無数にある会話のなかで、印象に残るようなものにするためには、これぐらいの「トラッキング」は必要ですし、実際の会話の流れで考えると、そこまで気にならないものです。

これは恋愛の場でも使えるテクニックですから、ぜひ試してみてください。

特に男性の方はデートなどでの、女性のなんてことない世間話に対しての受け答えには最適な方法ですので覚えておくといいでしょう。

「友達の○○ちゃんが××だった」「会社の△△課長が□□した」などの話題に、ただただうなずくだけでなく、しっかりと復唱し同意の意を示すことで、相手を納得、満足させることができ、より円滑なコミュニケーションが構築されます。

意中の相手に対して、「話の合う人間である」と思わせることができる有効な会話術です。

呼吸を同調させる

少々難易度が高いですが、**相手と呼吸を合わせるという方法もあります。**相手が長い呼吸をするのか、短い呼吸をするのかを、胸の膨らみ方や肩の上下などを見て、自分の呼吸のリズムと合わせるわけです。そうすることで、ラポール（信頼関係）を形成しやすくなります。

実際に、恋人同士など非常に親しい間柄の場合、呼吸が自然に一致することが多々あります。特に眠っているときは顕著です。寝入るときはお互いに別々のリズムで呼吸をしているのですが、深い眠りに入ったときなど、自分と相手が同じリズムで呼吸をしていたりするのです。朝起きたときなどに確認してみるとよいでしょう。ふたりが同じリズムで呼吸しているのがわかります。

最も呼吸の一致を見られるのはセックスのときです。セックスにラポールはもちろん必要なのですが、もともとラポールがなくともセックスのあとにはラポールが形成されやすくなるのも、また事実です。そこには、呼吸や体の動きのマッチングが多用されているのは言うまでもありません。

とはいえ、いきなり他人の呼吸を読もうと思っても、なかなか大変な作業です。比較的簡単なのは、相手が話しているときです。**この場合は、ブレス（息つぎ）のタイミングを合わせればいいのです。**こちらも相手と同時に息を吸うということではありません。**相手のブレスのタイミングで、「うん、うん」と頷きあいづちを打ったりするのです。**

相手がひと通り話し終えてから頷く人がいますが、**それよりも相手が息つぎをする瞬間に軽く頷くほうが効果的です。**

何故かというと、話が区切られるいいタイミングでのマッチングになるからです。それに、相手も息つぎをしている間は話ができないわけですから、そこで頷くと話のテンポにもよどみがなくなり、全体がスムーズになります。

テクニック的にはかなり細かい部類に入りますが、相手の呼吸を読もうとするよりは、はるかに楽。実際、信頼がおけるビジネスパートナーやうまくいっている恋人同士など、人対人の関係が本当にうまくいっているときは、お互いに無意識にそれができているものです。それを意識し、イメージしながら練習してみるとよいでしょう。

「表現型」を読み解く

人によって、表現方法には得意不得意があります。同じ企画書を作るにしても、文章で理路整然とまとめる人もいれば、図表やイラストをちりばめ、視覚的に説明しようとする人もいますよね。それが表現型と言われるものです。

相手が何かを表現するとき、五感のどれを使って表現するタイプなのか、ということを見極めて、それに応じてマッチングしていくと効率的です。

相手が絵や写真を使って説明するタイプなら、その人は目で見て視覚的に理解するタイプだと言えるでしょう。つまり、視覚が最も強い情報源ですから、**同じように絵や写真などビジュアルな素材を用い視覚的な説明をすると、話が伝わりやすくなります。**

また、数字やデータを重視する人、大きな夢を語りイマジネーション豊かに自分の感性を重視する人などもいます。

大事なのは相手の「思考表現」を判別し、なるべくそれに近い形で対応することです。

「小道具」のマッチング

ビジネスパートナーとして何度も会う人であれば、例えば、相手が使っているペンや手帳など、**持ち物を同じブランドにするだけでも効果はあります。**次にその人に会うとき、あなたも同じブランドのものを持っていくのです。

同じものを使っているというだけで、人はなぜか盛り上がるものです。

ただし、それを自分から切り出してはいけません。それをしてしまうと、マッチングの効果は半減してしまうので要注意です。

まずはうまく相手に気付かせましょう。相手が口に出さないまでも、内心「同じものを持っているんだ」と思ってもらえれば、それだけでも十分です。

また、ものを置く場所も意識して同調させてみましょう。

ペンや携帯、手帳など、机の上に出ている小物を、相手と同じように置くのです。

向かい合っている場合は、「ミラーリング」にします。相手がペンを右側に置いていたら、自分は左側に置くわけです。

向かい合ったとき、人は相手の顔だけではなく、上半身やその周辺を見るともなく見ています。つまり、机の上にある小物の配置は、絶対に相手の目に入る情報ですから、「行動」と同じように、それが似ているというだけで親近感につながるのです。

全方位マッチングでフィーリングは作り出せる

こうやって作られたラポールは、徐々に積み重なっていきます。マッチング期間が長くなれば、当然その分強固になるわけですが、期間が短いからといって、必ずしも効果が薄くなるというわけではありません。

初対面の相手で、会っていた時間は1時間しかなかったとしても、その場で信頼を積み上げていけば、それだけの結果は出ます。

お茶を飲むタイミングや体の向き、仕草、小物の置き方……。可能なら表現型も合わせるわけです。そうやってあらゆる方向でマッチングを繰り返しながら、少しずつお互いの心を近付けていくのです。

これは、意識していないだけで、誰でも日常的に自然に行っていることです。先ほども言いましたが、恋人同士は寝るときに呼吸が一致しているし、ビジネスの場でも、「充実していたな」と思えるような会議の席上では、お互いの話すスピードや時間配分などが、見事にマッチングしているものです。

人間関係においては、よく「フィーリングが合う」というような言い方をします。これは多くの場合、「何がどうとは言いづらいけど、なんとなく性格が合うような気がする」という曖昧な感情です。そこに、はっきりとした根拠があるわけではありません。

けれども、メンタリズムでそれをひとつひとつ分析していくと、要するに、話すテンポであったり、ブレス位置とあいづちのタイミングであったり、行動や仕草などが近く、似ているということなのです。人はそれを無意識のうちに感じ取って「フィーリングが合う、合わない」と表現するわけです。

もうお気付きですね。これらはすべてマッチングのポイントです。ですから、マッチングがうまくいけば、**必然的にそれが相手の潜在意識に入り込み、なんとなく「印象のいい人だった」とか「話が合いそう」という風に思うのです。**

次に会うときは、その「なんとなく」のイメージをしっかり意識して、またマッチングを心掛ける。そして「いい人そうだ」「信頼できそうだ」という、最初の印象をさらに積み上げていきます。そうやって何回か繰り返すことで、最初のイメージが固定され、「いい人そうだ」「信頼できそうだ」から、「この人はいい人だ」「信頼できる人だ」へと強化されていくのです。

そして、お互いの関係性によって、仕事相手であれば「あの人に任せておけば大丈夫」とか「次の仕事はあいつにやらせてみよう」という風に広がっていきますし、恋愛なら「この人と付き合ってもいいかもしれない」というように発展していくわけです。

「マッチング」のまとめ

「共感」、「信頼感」、「親近感」を意識的に作り出す。
「同調法」とも呼ばれる。
「フィーリングの合う人」と自然に相手に思わせる。
相手により深く入り込み、心に直接働きかける作用がある。

全方位マッチングでフィーリングを作り出す

● 仕草や行動をワンテンポ遅れて真似する。
（鏡に映るように真似る。「相手が肘をついたら、自分も肘をつく」など）

● マイナスのマッチングを有効に使う。
（「激しく怒る相手には、オーバーアクションで謝る」など）

● 言葉を同調させる方法。
（相手の台詞を復唱しながら肯定する）

● 呼吸を同調させる方法。
（相手の息つぎに合わせたあいづちを心掛ける）

●「表現型」を同調させる方法。
（論理的な人には論理で、イメージタイプにはイメージで対応する）

● 小道具を同調させる方法。
（同じ小物やブランドを持つ人には、親近感を抱く）

第6章

マーキング

6th Mentalism
Marking

心をコントロールする暗示術

人が話すときは、さまざまな語彙を駆使して話していますが、本当に言いたい目的や結論といった言葉はズバリと言いづらかったりします。

例えば、「何かを売ることが目的」のセールスパーソンは、相手にいろいろな営業トークをしますが、最終的に言いたい言葉をひとことにまとめるとすれば、要は「**買ってください**」ということのはず。しかし、「買ってください、買ってください」とばかり言うわけにはいかないので、会話のなかで、ほとんどの言葉はダイレクトな表現にならないのです。

もちろん、これはコミュニケーションの当然のスタイルです。人は他愛ない世間話のなかで、互いに相手を観察し、表情や口調などからさまざまな情報を読み取って距離を測りながらしゃべっているからです。

その、日常のよくあるコミュニケーションのなかに、**本当は相手に訴えかけたい要点やイメージを、さまざまな形で相手に意識されないように強調し、相手の潜在意識**

に働き掛ける方法。それが「マーキング」です。

特定の単語やイメージをなんらかの形で強調したり、さりげなく会話のなかに関連する言葉を入れたりすることによって、そのイメージを暗示的に埋め込んでいくのです。言うなれば、文章にマーカーで色を塗りハイライトを付けていく感覚でしょうか。

これによって、相手の無意識を操り、それと気付かれないまま心をコントロールすることができるようになります。

特定の単語を強調する「アナログマーキング」

強調する「マーキング」の方法で最も簡単なのが、話し方を調整する方法です。**あるひとつの文章のなかで、相手に伝えたいイメージの部分だけ強調させるために変化をつけるわけです。これが「アナログマーキング」という手法です。**

例えば、そこだけ声の大小やトーンを変える。声がわずかでも大きくなれば、相手は無意識にその差を感じて印象に残りますし、小さくなれば微妙に聞き取りづらくなる分、相手は「聞こう」と集中します。その部分だけ少し高い声、もしくは低い声で話しても同様です。話す速度を変えたり、間を空けたりしてもいいでしょう。

同時に、姿勢や動作、表情も目的に合わせたりアクションを加えます。今まで普通に話していた人が急に声のトーンを落とし、グッと体を寄せてきたら、誰でも「内緒の話かな」と思って、そこに意識を集中しますよね。そしてそのとき言われた言葉は、その前までの話とは違って、深く印象に残るはず。原理はそれと同じことです。

特定の単語を言うときだけ手を動かす、眉を寄せる、前のめりになる、手で軽く机を叩くなど、姿勢の変化や動作を付け加えれば、よりいっそう相手の印象に残りやすくなるわけです。

ほかにも、その単語のときだけ「相手の目を見る」「携帯を持つ」「飲み物のコップを持ち上げる」といったことも考えられます。

例えば、意中の相手との会話の場合、恋に関する話題や「好き」「付き合う」「手をつないでた」「デート」といった単語の瞬間だけ、**「相手と目を合わせたり」「コップを触る」**といった具合です。

もちろん、ここまで読んでくださった読者のみなさんならもうお気付きだと思います。その際の自分の位置、コップの場所などをアンカーや、観察でわかっているアセンブリ配置にしてあれば、何重にも効果がアップすることは言わずもがなです。

また、複数が参加しているプレゼンなどの場合は、全員を見ながら説明していても、いちばん強調したい部分だけは決裁権を持つ役職者のほうを見る、というような方法もあります。

要は、目的の単語を差別化すればいいわけですから、状況に応じてできる範囲で、さまざまな方法を組み合わせて使っていきましょう。

マーキングの方法

- **声の大小**
- **声のトーン（高低）**
- **話す速度（緩急）**
- **話すときの間**
- **姿勢／動作**
- **表情／目線**

もしかしたら、読者のみなさんのなかには「マーキング」の強調と「条件付け」のアンカーの違いがよくわからない人もいるかもしれません。

「何かの単語を言うたびに、一定の動作をする」というのは、一見似ているように感じますが内容はまったく違います。

アンカーは、動作と相手の感情を結び付ける方法です。

繰り返し行うことで条件付けを強化し、その動作によって相手の感情を引き起こすことが目的です。

それに対してマーキングは、相手に植え付けたい特定の単語やイメージそのものを強調して印象付けるテクニックです。

普通に話しているときをモノトーンだとすれば、マーキングすることでそこに色を付け、目立たせることが目的。そのときの相手の感情と直接的なリンクはなされていません。そこが大きな違いです。

強調する単語のセレクトが成功のカギ

アナログマーキングで大切なのは、具体的にどういう単語を強調するかという点です。あるセールスパーソンの架空のセールストークを例にとり、最もシンプルな方法を解説しましょう。

この商品は発売以来大人気で、多数の方にお買い求めいただいています。店頭では説明を聞いてすぐ購入される方が多いのも特徴です。お買い上げいただいた方からは、2台目を買いたいという問い合わせも多く寄せられていますし、実際に複数台買っていただくケースもあるんです。

あなたはこのセールストークの特徴に気付きましたか？

例文には「お買い求め」「すぐ購入」「お買い上げ」「買いたい」「買っていただく」など、「**買う**」という意味の単語が非常に多く散りばめられています。これがセールスパーソンの最も言いたいことですから、前述した説明通りに考えれば、その部分を強調して話すわけです。

文章のなかに入っている目的の単語をピックアップし、そこを強調しながら話す。これが「アナログマーキング」の基本的な技法なのです。

ただし、ご注意ください。ここで挙げたこの例は、あくまで技法を説明するための例文であり、セールストークとしてはちょっと微妙ですよね。

もし本当にセールスパーソンがあなたにこういう営業トークをしたら、「そんなに買う人が多いなら、自分も買おう」と思うでしょうか？　どちらかというと、「買え、買えとうるさいな」と、抵抗感を持ってしまうかもしれませんよね。そこにさらにマーキングによる強調が入るわけですから、余計に押し付けがましい印象になりかねません。

各章で説明している通り、マーキングに限らずメンタリズムのあらゆる手法は潜在意識に訴えかけるものであり、相手の思考に気付かれた時点で効果がなくなります。

実はこの場合、「セールスパーソンは商品を売るために話している」ということは、相手は最初から知っている事実ですから、そこで「買う」という単語を強調しても、大して効果はないのです。

ですから、優秀なセールスパーソンは意識せずとも、実際には「買う」というダイレクトな表現ではなく「お得」「経済的」など「買う」を連想させる言葉を前面に出して、相手の気持ちを動かす方法を採っている人が多いでしょう。

そして、これを一歩進めたものが、次に紹介するメンタリズムテクニックです。

イメージさせたい言葉を盛り込む「埋め込み法」

話の内容によっては、言葉そのものを強く印象付けることが必要なケースもありますが、場合によっては直接的な言葉ではなく、訴えたいイメージを強調させるほうがいい場合もあります。

このとき有効なのが、**相手に植え付けたいイメージに近い単語を、話のなかに埋め込んでいく方法です。**

例えば私が、車のセールスパーソンだったとしましょう。

その場合は、「買う」や「お得」という言葉はむしろ避けて、買ったあとのことを想像させるような単語をマーキングします。「使い心地」とか「○○をドライブする」などがそれに当たります。相手に、自分が目の前の車に乗っているところを想像させるような単語を散りばめ、その部分をさりげなく強調するわけです。

自分は「売るのが仕事」なわけですから、直接的な単語を言っても警戒されるだけです。そこで、どうやったら相手が「欲しい」「使ってみたい」という気持ちになるかを考え、そこから連想される単語を持ってくることができるかがポイントです。

これは、シチュエーションがセールスでなくても同じです。

相手にいいイメージを与えたいときは、会話のなかに、プラスイメージの単語を不自然にならない程度になるべく多く盛り込み、変化をつけるようにします。

そこだけゆっくり丁寧に話したり、目を見て話したりするわけですね。すると、相手の無意識にはプラスの明るいイメージが強く残りますから、あなた自身やそのときの話に対して、プラスの印象を持つことになるのです。

CASE 大切な商談当日はあいにくの雨。話がうまくいくよう、先方に明るいイメージを持ってもらうには？

雨の日の定番の挨拶として「お足もとの悪いなか、ありがとうございます」というものがあるくらい、どうしても雨の場合は、マイナスのイメージが入る会話が多くなります。「悪い」という単語が入ると、どうしても場の空気も沈みがちになります。それを払拭する工夫が欲しいところです。例えば次のような挨拶はどうでしょう。

A「今日は雨ですね……でも、空がちょっと明るくなってきましたね。お天気もいい方向に向かいそうな気がします」

B「今日は雨ですね……でも実は、私は雨の日が好きなんです。子どもの頃、大好きな長靴を早く履きたいとウキウキしていたから、いいイメージがあるんですよ」

このように、会話にプラスイメージの単語を織り込みながら、その部分だけ声のトーンを変えるなどして強調すれば、相手には明るいイメージが伝わるはずです。

この「アナログマーキング」や「埋め込み法」は、すぐに実践するのは難しいかもしれません。

その場合はいったん、文字に起こしてみるのがいいでしょう。

例えばプレゼンに臨む前なら、説明する内容を言葉にして、ある程度文字に起こします。

その際、プラスのイメージを持つ単語をなるべく多く盛り込み、その部分にマーカーで線を引きます。

そして、「この部分で声のトーンを上げる」とか「この部分は必ずこの動作をする」などを決めておくのです。本番では、そのカンペをアレンジして話せばいいのです。

最初は文章化したほうが、強調するところのポイントも理解しやすく、取り入れやすいはずです。

相手を混乱させ隙を作る「混乱法」

マーキングには、「アナログマーキング」以外にも、さまざまな変わり種のテクニックが数多く開発されています。

そのなかのひとつに、現代催眠の父、エリクソンの編み出した「**混乱法**」というものがあります。これは、**あえて相手を混乱させることで、自分の思い通りにコントロールするというもの**。非常に応用範囲が広いのですが、ここではマーキングに関連する部分を紹介します。

例えば、あなたがほとんど知らない人の講演会に行ったとします。内容は、あなたには専門外の難しいテーマでよくわからない。ずっと聞いているうちに、つい眠くなってきてしまいました。

そういうときに、講演者が「うちの娘がこの前買い物に行って、鍋を買ってきたんですが……」と話し始めたら、「なんだ?」と思い、一瞬集中して聞いてしまいませんか？　ほとんどが理解できない難しい話が続いたあとだけに、すぐに理解できる易しい文章が聞こえてくると、ついそこに意識がいくのです。これもマーキングの手法のひとつです。

私も学生時代、講義を受けているとそういうことが多々ありました。難しい授業になればなるほど、話し手が意図していなくても混乱法に近い効果があるのです。講義が上手な先生は、学生に理解できないような専門用語を並べつつも、そのなかにわかりやすい言葉の説明をスパッと組み込みます。すると、そこの部分だけがどうしても記憶に残り、内容を理解できるようになるわけです。

逆に言うと、他の部分はマーキングされていないということでもあります。ほかの部分を難しくて理解できない、単なる音という位置にあえて下げることで、重要な部分を目立たせる効果があります。

ビジネスの場でも、こちらがあるジャンルの専門家で、相手は詳しくない、というような場面が多々あるかと思います。そういうときは、最初から専門用語を使わず、相手に理解できるよう噛み砕いて話すのがセオリーと言われています。

しかし、混乱法を取り入れる場合は、あえて相手にはわかりにくい難しい専門用語を駆使して説明するわけです。これは自分のほうが優位な立場にいる場合は、有効な手法です。相手に有無を言わさず「ＹＥＳ」と言わせたいときには、是非一度使ってみてください。

話す速度も、専門家でもやっと理解できるくらいの速いスピードで話すと、相手は話についていくだけで必死になります。ただでさえ内容がわからないわけですから、反論の余地もありません。判断力が低下せざるを得ないのです。

これを続けていると、そのうち相手は理解できず飽きてきます。そのギリギリ微妙なタイミングを見計らって、自分がいちばん言いたい言葉をさりげなく、わかりやすく投げ込みます。

相手は、他の話はわからなくてもその言葉だけは理解できますから、結果としてその言葉がいちばん印象に残ることになります。

現実的にはかなりリスキーな方法ではありますが、これも言葉を差別化して強調する、面白い手法のひとつです。

沈黙を活かす「サイレントフォーカス」

マーキングは、必ずしも会話内に使うものとは限りません。沈黙をマーキング場所に指定することによって強調する方法もあります。「いったいどういうこと?」と混乱しそうになるかもしれませんが、とても面白い方法なのです。

一定の沈黙には、人を引き付け集中させる力があります。これを活用したのが「**サイレントフォーカス**」です。

複数で白熱した議論のさなか、「ちょっといいですか」と誰かが手を挙げました。全員がその人物を見ますが、意識は向いていません。「次に何を発言しようか」「これは是非言っておかなくては」など、自分の発言したい言葉で頭のなかはいっぱいです。

ところが、その人は立ったまま黙り込んでしまいました。そうすると、どうなるでしょう?

「あれ、何か言うのではなかったの?」「どうして黙っているんだろう?」と、みんなの思考が切り替わっていきます。

そのタイミングを見計らって話し始めると、全員が集中して話を聞いてくれることになるのです。これは大型のミーティングや全体会議などで、特に有効なテクニックです。また、競合プレゼンなどの場でも十分な効果があります。

このテクニックは、発言中にも効果を発揮します。プレゼンも佳境に差しかかり「～この場合、大切なのは……」と言って言葉を突如切り、数秒間黙る。すると、途中で飽きて聞いていなかった人たちも「あれ？　どうしたんだ？？？」と思います。その時点で、それまでの感情や思考は切り替わり、黙ってしまったあなたにフォーカスしてしまいますから、次の言葉が心に残り、重みを持つことになるのです。

口とは裏腹な要求を呑ませる「ダブルミーニング」

「ダブルミーニング」は、特に心理学用語でもなんでもありません。ごく普通の意味でとらえてもらってけっこうです。ひとつの言葉や仕草にふたつの意味があること。

ダジャレではないですが、例えば「端」と「橋」といった同音異義語のとらえ違いを使った落語などは昔からありますよね。

このダブルミーニングを上手に使えば、ごく普通のなんでもないことを話しながら、そこに別の要求を交ぜていくことができます。すでに説明した通り、相手に気付かれない程度に強調すればいいのです。

今ひとつピンとこない方には、新聞を使った実験があります。

新聞はただ事実を報道した記事でできています。一応前提では、一方に加担することのないフラットな視線で記事が書かれていなければなりません。

しかしあえて、新聞のある一面を開き、「下がる」「低い」「ダウン」「破壊」「殺人」「事件」「離脱」「衝撃」「事故」といった、マイナスイメージを持つ単語だけをピックアップして、青いペンでマークします。それを広げて人に見せると、どうでしょう？青で強調された部分が目に飛び込んでしまい、すごく嫌なイメージを与えることになります。

では逆に、同じ一面をオレンジの明るいペンで、「上昇」「好景気」「アップ」「成立」「新発売」「人気」「成功」「進出」「トップ」「当選」など、プラスイメージの単語だけをマークします。その新聞紙面から受ける印象は180度変わることになります。

この印象は、実際の新聞記事の内容とは無関係です。その日の一面記事が明るいニュースのものばかりではなく、どちらかというと悪い出来事の記事で埋め尽くされていたとしても、プラスイメージの単語をマークした場合、目はパッとそれを拾うわけですから、受ける印象も明るくなります。反対に明るいニュースが多い紙面でも、マイナスイメージの単語をピックアップした場合は受ける印象は暗くなります。

このように、**マーキングの技法を使う際は、実際に話す内容と埋め込みたいイメージが、必ずしも合致している必要はありません**。まるで違うことを話しているとしても、マーカーをした新聞紙面のようなダブルミーニングをうまく仕込むことができれば、それが潜在的な暗示となり、相手の無意識に働き掛けることができるのです。

これをセールストークで使うとすれば、どうなるでしょう。次の例をご覧ください。

すぐに買っていただかなくても大丈夫ですよ。**明日、明後日に買う**ような金額のお品ではありませんから、じっくりと考えてください。**明日すぐなくなる**ような商品ではないですし、**一生モノ**ですから、焦らなくても大丈夫です。

ここでは、「すぐに買って」「明日、明後日に買う」「明日すぐなくなる」「一生モノです」などの単語をマーキングして話します。

全体の意味としては「急いで買わなくてもいいよ」と伝えているわけですが、マーキングした言葉だけを見ると、ぼんやりと別の意味が浮かんでくるのがわかります。

また、最後のマーキング部分「焦らなくても大丈夫」の話し方は、「(本当に) 焦らなくて大丈夫?」と言うときのイントネーションと心配するような気持ちを込めて相手に伝えるようにします。

すると相手の無意識に暗示が入り込み、「早く買わないと」という気持ちにコントロールされていき、つい焦って購買欲が湧いてしまうのです。

会話のなかにマーキングを潜ませる。まさに「潜ませる」という言葉が当てはまるテクニックです。その効果や使い方は多様で、非常に面白いものです。

私の尊敬するメンタリストにイギリスのスターメンタリストであるダレン・ブラウンという人がいます。彼はすでに12年もの間テレビに出続け、常に新しいメンタリズムを開発し、パフォーマンス・ショーを公開しています。彼のマーキングトークは天才的で、目線の合わせ方、相手の肩や腕へのさりげないタッチ、指でテーブルを軽く叩いてテンポをとってみたり、ほかのテクニックと組み合わせたりと、基本と応用のテクニックが入り交じった教科書のようなパフォーマンスを見せてくれます。

　ダレンは自分の出演番組をネット上で公開しているので、一度検索して見てみるとよいでしょう。あまりのすごさに感動すること請け合いです。

「マーキング」のまとめ

最も相手に訴えかけたい要点やイメージを、なんらかの形で相手に意識されない程度に強調し、相手に暗示的に埋め込み、潜在意識に働き掛ける方法。

● アナログマーキング

特定の単語を強調するために、話し方に変化をつける。
（声の大小、声のトーン、話す速度、表情、目線、動作など）
強調する単語はイメージさせたいものを選ぶ。
（「車を買わせたい」場合→「ドライブ」「使い心地」などを強調）

● 埋め込み法

直接的な言葉ではなく、相手に植え付けたいイメージに近い単語を、話のなかに埋め込む。

● 混乱法

相手に最も伝えたい内容の部分以外は、あえてわかりにくい専門用語などを交えて話す。

● サイレントフォーカス

大切なことを話す前に、沈黙し間を置き、相手を自分に注目させる。

● ダブルミーニング

会話全体にふたつ（正反対）の意味を潜ませることで、
表向きの言葉とは別の本心を、相手の潜在意識に訴えかけることができる。

第7章 話法

7th Mentalism
Narration

メンタリズム特有の会話術

メンタリズムの基本は、相手の無意識に働き掛けて誘導すること。なかでも、人が誰かと対するとき、最も働き掛けやすいのは、やはり言葉によるコミュニケーションなのは言うまでもありません。

まずは、日頃あなたがどういう会話をしているか、もしくは周りの人たちがどういう風に会話を進めているかを振り返ってみてください。無意識のうちに、ここで紹介するような話法を使っていることもあるかもしれません。

また、世のなかには会話術の本が数多くありますから、そういった知識をお持ちの方も多いと思います。ただし、メンタリズムの話法は、単に言葉、単語上の意味的なものではないのです。

本章で紹介する話法のテクニックは、一部の言葉だけを強調したり、条件付けを行ったり、というメンタリズムのあらゆるテクニックを併用することが前提です。

こうした細かいテクニックを丁寧に積み上げたあと、最後のひと押しに、これから紹介する話法を使用すれば、驚くほどの成果を得られることでしょう。

初対面の相手には早口で話す

まずは基本的な部分から説明していきます。

いちばん基本と言えるのが、**話をするときの速度です。同じ話をしていても、速度が違えば相手に与える印象も変わります。**特に説得力という意味では、かなりの差が出てきます。

従来の心理学では、'76年の「Miller et al」の実験によると「常にゆっくり、相手にきちんと理解できる」速度で話したほうが効果的とされていました。そのほうが説得力は上がるという考え方です。

確かに一理あるのですが、'91年の「Smith and Shaffer」の新しい実験によると、必ずしもそれがいいとは限らない状況があることがわかってきました。

例えば、初対面の相手や、利害関係が一致しないなど、敵対関係にある相手の場合。または、何かの企画や商品の提案をする最初のときもそうです。こういう場合は、相手が理解できる範囲で、なるべく早口で話したほうが、説得力が上がります。
なぜかというと、ゆっくりしゃべった場合、相手は話の内容をじっくりと吟味することができます。話していることが「良いことなのか、それとも悪いことなのか」ひとつひとつ考えながら聞けるわけです。つまり、こちらの話のアラを探す時間をみすみす与えてしまうことになるので、相手はどうしても批判的になりがちです。

ところが、早口でも饒舌にうまく話せるとなると、**相手は自然と聞き役に回らざるを得ません。**考える時間が少なく批判を挟む余地がないので、相手のなかに疑問が浮かびにくくなり、結果として納得してしまいやすいのです。つまり、その話に説得力があると感じますし、話しているあなた自身に対しても、説得力のある人だという評価をくだすことになります。

ただし、何度か会って信頼関係ができている相手なら、話の内容をきちんと理解できるよう、従来言われている通りゆっくり話すほうが望ましいと思います。相手が「そうだね、わかるよ」とあなたに同調し、あいづちを打てる時間を確保してあげることで深層心理に訴えかけ説得力が増し、信頼感もアップします。

会話のスピードに関しては、自分と相手との関係や心理的な距離、シチュエーションをよく吟味して、使いわけることが望ましいでしょう。

的確な会話のタイミングを身に付ける

同じ話をするにしても、相手の生理学的な状態によって「いいタイミング」と「悪いタイミング」があります。特に、こちらの要求を呑ませたいとき、相手の反論を封じたいときなどは、そのタイミングを活用すると成功率が上がります。


第5章のマッチングの部分で、「相手の呼吸を読む」という方法を紹介しました。これに近いのですが、人は息を吸っている最中には、声を出すことができません。なぜなら、声は息を吐いて空気を振動させて出しているからです。この体の理《ことわり》からも、人は何かを発言する前には必ず息を吸うことになります。

ですから、相手が会話中に息を吸い込むときは、これから何か発言するというサインになり、何かしらの思考が巡っている可能性が高いのです。逆に、ただ息を吐いているときは、言いたいことを伝え終わったか、もしくは特に何も考えていないことが多く、受動的になりやすいのです。

重要な話を切り出すときは、**この息を吐いたタイミングで話すほうが、より相手を説得しやすくなりますし、**自然と呼吸も合わせることができます。

また、古典催眠のテクニックで、**飲み物を飲んだり何かを食べたりしている瞬間に相手に暗示を入れると、非常に効果的に効くというものもあります。**

「飲み込む」という動作は、自分の意思であと戻りさせることのできない動作です。いったん飲み込み始めたら、そのまま飲みくだすしかありません。つまり、その状況を素直に受け入れるしかないわけです。ですから、そういった状態のときに投げかけられた言葉に対しては、たとえそれが何か引っかかる内容であったとしても、人は通常時より受け入れやすくなります。

例えば商談中、相手が「この見積りだと、ちょっと厳しいかもしれませんね……」

と言いながらコーヒーを一口飲んだとします。

口に含んだコーヒーを飲み込んで、喉を通る瞬間「でも、今回だけですし、ここはお互いに妥協しましょうよ」など肯定させる言葉を投げかけると、「飲み込む」というあと戻りできない動作とともに、その言葉が相手の無意識のなかに入っていくのです。

この場合、直接的な言葉もそうですが、第6章で解説した「マーキング」のテクニックを併用すると、より効果が出るはずです。

相手の返事を自在に操る「イエスセット」

人間には慣性があります。第3章の「アンカーアセンブリ」の項でも説明した、いわゆる「10回ゲーム」のように、人間の慣性を利用した話法のひとつが、「**イエスセット**」というものです。

これは、**相手が「イエス」と答えるような質問を繰り返し、肯定的な反応に対する慣性をつけてしまう方法。**豊富な営業経験のある方なら、ご存知かもしれませんし、自然と使われているかと思います。

営業　「今日はいいお天気ですね」
取引先「そうですね。よく晴れましたね」
営業　「気温も、ポカポカしていて過ごしやすいですね」
取引先「確かに、このくらいの気候がいちばんですよね」
営業　「こんないいお天気だと、仕事もはかどりそうですね」
取引先「本当ですね」
営業　「今日はせっかくだから、この件を詰めちゃいましょうか」
取引先「ええ、そうしましょう」

天候の話や景気の話、もしくは相手の業界に関するわかりやすい一般的な話から入れば、相手を「イエス」と答えさせるのは簡単です。それを何度か繰り返し、相手に肯定的な反応を積み上げていく簡単な方法です。イエスを積み重ねることで、潜在心理にノーを言わせにくくしているのです。

面白いのが、必ずしもこちらの発言がプラスの内容である必要はないということです。マイナスの要素を含んだ否定表現でも大丈夫。次の会話例を見てください。

営業　「この場合ですと、この商品の販売方法がちょっと厳しいわけですよね？」
取引先「そうだね、ちょっと難しいかな」
営業　「例えばこれを、別の販売ルートに変えたとしてもダメでしょうね？」
取引先「うん、どちらにしてもちょっとね……」

もし普通に「販売方法はどうですか？」と質問していれば、「いや、ダメだね」とストレートに否定の返事が返ってくるところですが、このケースでは、**こちらの質問自体が否定表現になっているので、相手の返事は「イエス」ということになります。**
つまりこちらの発言を肯定しているわけです。
その肯定的な反応を積み上げていき、タイミングを計り質問の内容を変える方法があります。

営業　「でも、この商品コンセプトは評価してくださっているんですよね？」

取引先「それは、まあね、商品はいいと思うよ」

営業　「コンセプトはいいし見込みもあるけど、販売方法だけが問題ということですね？」

取引先「まあ、そういうことになるね」

営業　「ではどうでしょう。販売面は他社に委託するというのは？」

取引先「そうだな……。その手もあるね」

このように、「イエス」と続いたタイミングを見計らって、話の内容を変えるのです。営業側からすれば、本当はこの「販売面を他社に委託する」ことが最大の狙いであり目的だったわけです。

実際のビジネスの場面で、これほどスムーズにことが運ぶケースは多くないでしょうが、イエスセットによって相手のなかには「ノー」を言いにくい心理が生まれるため、それを利用すれば突破口を開きやすくなります。

否定的な相手に仕掛ける「ノーセット」

相手が素直に反応してくれるタイプであれば、まずは「イエスセット」から始めるのが理想ですが、必ずしもそうとは限らないのがビジネスや恋愛などの難しいところ。最初から否定的な姿勢の人やあまのじゃくな性格の人、また物事に対して乗り気でないことが明らかにわかる場合、さらにはイエスセットで始めるつもりが、予想に反していきなり「ノー」と言われてしまった場合……。

そんなときは**「ノーセット」**を使います。イエスセットの逆で、相手に「ノー」と言わせ続ける方法です。

この方法の興味深い点は、相手に全部「ノー」と言わせ続けて、潜在心理にイエスを言わせないように仕掛けることです。そのうえで、自分の最終目的とは逆の内容を相手に提案すると、相手はそれに「ノー」と答えるので、それに乗っかる形で結果的にこちらの要求を受け入れさせてしまうという高度なテクニックです。説明ではわかりにくいですが、例文を読めば一発で理解できます。

営業「先日ご説明した企画開発の件ですが、ご検討いただけましたでしょうか？」
取引先「う〜ん、これ、この予算じゃちょっと無理だよ。もう少し考えてもらわないと」
営業「申し訳ありません。なんとかご了承願えませんでしょうか？」
取引先「でも、この額じゃウチも呑めないなあ……」

このケースですと、相手は最初から全面否定で、取りつく島がない様子。加えて、何度も「ノー」を繰り返しているために、あなたの言うことに対してはすべて「ノー」と言いたい心理状態になり、相手の態度はあなたの間違いを正してやろうという心境になっています。そこで、あえてこちらの考えと別のことを投げかけてみます。

営業「だとしたら、この予算の3倍くらいは持ってこなければ……ということでしょうか?」

取引先「いや、何もそこまでは言ってないでしょう。別にウチはこの額でやってやれなくはないいんだよ。でも、こういうのはいきなり言われても困るんだよ」

営業「そうですか、商品企画自体にもあまり魅力を感じないからというのもあるんですよね?」

取引先「いやいや、だからそうは言ってないだろう……」

こうなれば、まずはこちらが相手に認めさせたい「商品には価値がある」ということに関して、「YES」の答えをもらったことになります。すでに立場が逆転しているのがわかりますよね。言葉上で見ると、相手が「ノー」の意思を繰り返していますが、内容的には企画の提案者が自分の企画を否定し、相手はそれを否定し返すことで肯定に変化しているのです。

いったんこういう状態になれば、あとはお互いの着地点を探すだけの作業になります。相手は「ノー」と言いながらも、こちらの真の意図を肯定しているわけですから、ひとつの商談として大きくとらえた場合、これでもう全面否定されることはありません。どこが問題なのか、ひとつひとつ具体的に確認していくことで、建設的な議論になるのは間違いないでしょう。

もうひとつ、話法の補足的な話になりますが、私もよく使っているテクニックを紹介します。

それは首を動かすなどの仕草で、相手を誘導するというもの。何か質問を投げかけるとき、**「イエス」と言ってもらいたいなら、質問をし終わるタイミングで軽く自分が領きます。**

こうすることで相手の心理に「これで問題ないよ」「あなたもそう思ってるはず」と安心、共感、同調の影響を及ぼすことができます。

ノンバーバル（言葉を使わない）の部分、ジェスチャーやボディランゲージで、さりげなく相手に同調を促すことになるため、相手が本当はそう思っていなかったとしても、その場では「まあ確かにそうだな」と一瞬思ってしまいます。結果として、狙った通りの反応が返ってきやすいのです。

この場合、目的はしっかりと言質を取ることではありません。「イエス」と少しでも思わせることによって、相手の心理には自然と変化が起きているもの。悪い印象を与えず、いかに自然にその変化を促すか、という点で重宝するテクニックなのです。

もちろん「ノー」と言わせたいなら、軽く首を横に振りましょう。私の場合は、顔にかかった前髪をはらう動きのようにしながら、「イエス」と「ノー」を使いわけています。前髪が長い人なら、自然な動きとしてさりげなく取り入れられるのではないでしょうか。

「ノー」を封じる言葉のマジック

相手に何かをお願いしたり、言うことを聞いてもらいたいとき、選択肢から「ノー」を消してしまう方法があります。それが、エリクソンが考案した天才的なテクニックのひとつ「バインド」というものです。**すでに相手がOKしていることを前提として話を進めていくのです。**

あなたが、ある異性とデートをしたいと思っていたとします。

それで、相手に「デートをしない？」と誘うとしましょう。実際はこういう聞き方をすることは少ないでしょうが、「遊びに行かない？」「明日会えない？」なども同じ意味ですね。

このときあなたは、相手に「イエス」と「ノー」のふたつの選択肢を与えていることになります。当然、相手はどちらかを選びますから、あなたの要求が通る可能性はフィフティ・フィフティ。しかも、相手の自分への好意が低かったり、出会って間もなかったりしたら、「ノー」と言われる可能性のほうが高くなります。

相手がいったん「ノー」のモードに入ってしまうと、そのあとは、なかなか取り戻せません。

「まあそう言わずに、お茶だけでもどう？」「ちょっとの時間だけでいいからさ」など、どう食い下がっても、「しつこい人だな」という悪印象を与えてしまうだけ。相手の頭のなかは、もう「ノー」ありきになってしまっているのです。

では、例えば最初の誘い文句を、「ご飯を食べにいかない？　それともカフェでお茶するのとどっちがいい？」という聞き方ではどうでしょうか。

つまり、最初から「デートをする」ことは前提として、その次の質問からスタートするわけです。このとき、回答の選択肢は「ご飯」か「お茶」。そこに「ノー」はありません。相手がどちらを選んだとしても、「デートをする」という目的は果たされることになります。

「バインド」を用いた質問

A「デートしない？」——「イエス」or「ノー」

B「ご飯を食べにいかない？　それともお茶にする？」——「ご飯」or「お茶」

ともに選択肢はふたつですから、相手がどちらか一方を選ぶ確率は同じ50％。でも、その50％が重要なのは前者のケースだけで、後者の場合は確率論自体がナンセンス。**相手がどちらを選んでも、目的達成度の観点から考えれば100％なのです。**

基本的に、何か質問するというのは、相手に選択肢を与えています。その選択肢が「イエス」と「ノー」であれば、相手はどちらかからひとつを選ぶことになります。そこで、「イエス」の枠のなかからピックアップした、別の選択肢である「ご飯」と「お茶」を提示すれば、相手はなんとなく、そのなかから選んでしまいます。

もちろん、聞き方はともかく内容は「デート」という特別なことですから、完全に「ノー」という答えがなくなるわけではないでしょう。でも、最初に「イエス」と「ノー」の二択から入るわけではないので、相手の意識に「ノー」が浮かびにくくなることは確かです。

電化製品を購入した際「オプションはどちらを選びますか？」と聞かれた経験はありませんか？　「オプションは付けますか？」と聞かれたら「いや、いらないです」と言う人も多いと思いますが、こうやって「オプションを選んでください」と言われると、つい「何か選ばないといけないのかな？」と思ってしまいますね。これも同じくバインドを使った話法。選択肢がふたつの場合はダブルバインド、３つの場合はトリプルバインドと呼びますが、内容は同じです。


人間は自分が思っているほど、自由に行動しているわけではありません。言ってしまえば、結局はそこにある選択肢から選んでいるだけなのです。「好きな服を買う」ことにしても、店に行って、そこに並んでいる洋服（選択肢）のなかから、どれかひとつを選んでいるに過ぎません。

しかし、それでいいのです。人間は「自分で選んだ」という実感があれば、それだけで満足できる生き物です。ですから、**どれを選んでもあなた（質問者）の思い通りになるよう、選択肢をしぼって相手に投げかけ、相手の選択する自由を確保しながら、相手の発言を縛る。**

それがバインドのテクニックです。

外見と内面の両方で攻める

初対面の相手の場合、共通の話題が見つからず、困ることがあると思います。とりあえず間を埋めようとしても、話題の選び方次第では、知らぬ間に地雷を踏んでしまうこともありますよね。そうなると、「何を話していいのやら……」ということになりがちです。

こんなときに有効なのが「**ビデオトーク**」という話法です。**下手に憶測で話すので**

はなく、ビデオ（映像）を見るように、相手をパッと見てわかる範囲のことを話題にするのです。

わかりやすいものが、服装などの外見をテーマにすること。

珍しい、変わった服装をしている人

「ファッションがお好きなんですか」「珍しい色のジャケットですね。あまり見かけないなあ」「そのピアス、可愛いですね」「個性的な人だって言われるでしょう？」

ビジネススーツの人

「素敵なタイですね」「普段、どこでスーツを買われるんですか」「仕事に熱心に取り組む方という印象です」「夏場、スーツは暑いでしょう。どうしてらっしゃるんですか？」

まず、このように見える部分だけでわかる情報について話します。そしてそれを重ねていくわけです。

たとえ見ればわかるようなことであっても、**あえて言葉に表現してもらうことによって、「この人は自分に興味を持ってくれている」「自分をわかってくれそうな人だ」など、相手のなかに肯定的な感情が芽生えてきます。**

そうなれば、あとは相手から少しずつ情報開示してくれますから、出た情報を復唱する（Ｐ149参照）などして拾いながら話を広げていけばいいのです。

ビデオトークは、イエスセットと組み合わせやすい方法でもあります。最初に話題にするのは外見であって、内面ではありませんから、相手は「イエス」を言いやすい。肯定的な反応を積み上げていくときにも有効な手法です。

ただし、ひとつだけ重要な点があります。見た目の印象は確かにその人の一面ですが、あくまで一面でしかありません。そこだけで話が終わってしまうと、単に世間話で数分つぶした程度の印象しか残らない。ビデオトークの価値を引き出し、信頼感を勝ち取るためには、外見に出ていないもう一面、つまりその人の内面に触れるという応用テクニックの併用が必須です。

では、内面はどうやって探ればいいのでしょうか。この方法論は実はとても簡単。**単に、ビデオトークでつかんだ相手のイメージの逆を言えばいいのです。**

明るく元気で快活なタイプなら「でも意外とへこみやすくて、ちょっとしたことで落ち込んだりするでしょう?」、真面目でおとなしそうなタイプなら「でも実はけっこう激情家で、好きなものには一生懸命打ち込む情熱的なところがありますね」など。**人間には必ず二面性があります。**一見、正反対のような要素が、ひとりの人間のなかに同居しているものなのです。

ですから、最初は誰が見てもわかるような当たり前のことを言っておいて、**最後にそのイメージをひっくり返し、逆のイメージを話す。すると相手は自分の内面を理解されたように感じます。**これによって相手に強い印象を与え、信頼関係を勝ち取ることができるのです。これは私がパフォーマンスをする際にもよく使う方法です。

パフォーマンスのとき、ステージに上がってもらうのは、その日初めて会うお客さんですから、当然性格も何もわかりません。

そこで最初はビデオトークで、パッと見てわかる部分だけをしゃべる。それによって「ああ、当たってる」「わかってくれてるな」というイメージを作ります。最後に「でも、実は意外と○○なところがありますよね？」と、見た目の印象と逆の内容を口にするわけです。すると相手は「なぜこの人は自分の性格までわかるの？」と思ってしまうのです。

自分語りで相手の話を引き出す

会話はコミュニケーションですから、相手の性格によってアプローチを変えなければならないこともあります。性格といってもいろいろありますが、ここでは、**あまり自分からは話さない、口数の少ない相手の場合に使える「誘い水の話法」を紹介しましょう。**

これは、自分から情報を開示することで、相手にも情報開示を促す方法です。

例えば私は、合コンや飲み会などの場で、まず女の子をふたつのタイプにわけて見るようにします。自分からどんどんしゃべる明るいタイプの女の子には、「どんな仕事をしているの？」「趣味は何？」など、いろいろと質問をします。自分を開示することに抵抗がない人なら、こちらは聞き役に徹することで十分話が盛り上がりますし仲良くなれるんです。

問題は、あまり自分からはしゃべりたがらない相手の場合です。こういう相手を質問責めにすると、余計に心を閉ざしてしまうことになります。異性だけに、すぐに警戒心を持たれてしまうのです。

そういったときには、まず私が誘い水として自分のことをどんどん話します。「私は○○の仕事をしていて、△△な趣味があって、休みの日は××をしている」など。そしてひとしきりしゃべったあとに「君はどうなの？」と聞くわけです。

私のほうが先に情報開示をするため、交換条件ではないですが、相手も情報を出しやすくなる。そうしないといけないような気分になってくるのです。

この「**誘い水の話法**」はビジネスの場でも応用が可能です。

「○○さんだから正直に言うんですが、今の段階ですと、うちの会社はここまでしか予算を出せないと言っているんです。ですから、もし難しいようでしたら今のうちに断ってくださっても構いません。もちろん本音としては是非一緒にお仕事させていただきたいんですが……」

これは何も本当の話でなくても大丈夫です。自分の情報を開示しているというポーズを見せることが、相手に心を開いてもらい信頼感を持ってもらうために大切なのです。

あえて言わないことが成功への近道

突然ですが、「あ、い、う、え……」。この次は何がくると思いますか？　普通なら誰でもつい「お」を思い浮かべますよね。

このように、こちらは直接その単語を言わず、相手に想像させるテクニックが「喚起法」と呼ばれるものです。あえて最後まで言い切らずにぼかしたり、わざと言い間違えて訂正させることによって、自分の言いたいことを相手に言わせるわけです。

するると、相手のなかではその内容が想起されます。こちらが口にした場合と違って、この場合は相手が自発的にイメージし口にするわけですから、よりナチュラルですし、相手のなかでの抵抗感も薄まります。

例えば、しばらく議論をしてほぼ答えが決まったところで「というわけで……」と言葉を濁し、助けを求めるような視線を送ることで、相手に結論を言わせる。あなたが導いた結論であったとしても、相手が自分から口にすることで、お互いに納得する結論として認識されるのです。

前述のジェスチャーやボディランゲージの項でも説明した通り、これは言質を取ることが目的なのではありません。

相手が自らイメージしたり、行動してしまうことによって、その内容を受け入れやすい心理状態になるのです。

例えば、あなたが気になる異性を映画に誘いたいとします。そこで、まず相手の好みをリサーチし、公開中の彼女が好きそうな映画を選びました。普通は「○○という映画を観に行かない？」と言うところですが、次のような言い方で誘うのはどうでしょうか。

あなた「あのさ、あの映画はなんていうタイトルだったっけ？　俳優の××が出ていて、今よくCMでも流れている話題のSFアクション映画で……」
相手「あ、あったね。なんだっけ？」
あなた「爆発シーンが話題になってるんだよね。ああなんだっけな、タイトルが思い出せないな……」
相手「思い出した!!　○○でしょ？」
あなた「そうだ、それ！　あの映画ってさ……」

ここでしばらく映画の内容についてふたりで盛り上がったあと、「じゃあさ、一緒に観に行かない？」と誘えば成功率はグッとアップするはずです。このとき、相手はすでにその映画のことをイメージしているわけですから、唐突に「今度○○という映画を観に行かない？」と誘うより、はるかに効果的です。

大切なことは、相手に言わせるように仕向けることです。それが成功率を上げるコツです。

要求は多いほど受け入れられやすい

仕事などで、人に何かを頼むとき、非常に簡単かつ有効なテクニックが「連結法」と呼ばれるものです。**こちらのリクエストが「○○をしてほしい」ということであれば、そこにほかの要素を足していくのです。**

普通に「○○して」と頼んでも断られそうであれば、「私は××をするから、君は○○をしてもらえる？」と、**自分と相手のことをつなげて話し、お互いに作業を分担する形にしてしまう。**片方が一方的に要求を呑むわけではなく、フィフティ・フィフティの関係だということになりますから、相手は断りづらくなります。

この場合「自分の分担」は、なんでもないことで構いません。「私は電話をかけないといけないから、君は○○をやってほしい」といったようなことでいいのです。実際の作業内容をきっちり分担するということではなく、会話、言葉の形式上、何かを分担している形でありさえすればいいわけです。

また連結法には次のような形もあります。

「○○さんへの連絡と、××社へFAXを送信しておいてくれる?」

これは、ふたつの命令(お願い)を合わせた形です。これが、もし「○○さんに連絡しておいて」だけだと、どうでしょうか。業務上当然のことであればともかく、内心では「自分でやればいいのに、面倒くさいな……」と思われるかもしれません。でも、「○○と、△△をしておいて」というようにふたつ以上の命令が合わさっていると、相手の頭は「イエス」「ノー」ではなく、「**どちらの命令を先にやるべきか**」という思考に占められます。前に説明したバインドに近いイメージですね。そうなると、人は言われたことをいちいち考えるのが面倒になって、そのまま受け入れてしまうのです。

ひとつの命令よりふたつ以上を合わせたほうが効果的だというのは、ちょっと意外かもしれませんが、やってみると実感できるはずです。部下がいる方や、恋人やパートナーに簡単なお願いごとをしたいときなど、是非一度試してみてください。

ただし、この方法では、相手は要求を断りづらくはなりますが、あなたに対して特にいい印象を持つわけではありません。印象をアップさせたい場合は、実際に頼みたい内容を、比較的楽な作業、または相手が喜ぶことややりたいことに挟んでお願いする方法（A）。もしくは最初は簡単な頼みを、真ん中に自分の要望を入れて、相手がやりたがることを最後に付け加えるという方法（B）も効果があります。

A「まずこれを、経理に提出してきてくれない？　そしたら、すぐにこの前イベントのデータをまとめてもらえないかな？　それが終わったら次の企画会議に君のアイデアも出したいから、いくつか考えてほしいんだ」

B「ちょっとこの資料をコピーしてくれないかな。次に前回のプレゼン資料

をデータにすぐまとめて、終わったら次のプレゼンには君に出てもらいたいから、企画のアイデアを考えてくれないか？」

AもBも、前のふたつが終わらないと、自分が積極的にやりたいと思う最後のミッション（企画のアイデア）にたどりつけないわけですから、頑張って片付けようと思います。もしこの頼みごとを3回にわけてそれぞれ頼みごとをしていたら、相手の受ける印象はかなり違うはずです。

問題を細分化して反発をかわす

仕事や恋愛などで、人には必ず「自分はこうしたい」という要望があります。相手がそれに反する強い意志を持っている場合、覆すのはなかなか難しいものです。

そういうときは、相手がどこまで妥協できるのか、話の内容のどこがダメで、どこまではOKなのか、**細かく問題を分割することで良い部分を抽出していくと、意外と簡単に話がまとまることがあります。これをクラスター法（分割法）と言います。**ある旅行会社の上司と部下の会話を例に挙げてみます。

部下「部長、この前私が提案した旅行プランはどうでしょうか？」

上司「あの企画は現実的じゃないな。もう少し詰めないと難しいだろう」

部下「それは予算面でということでしょうか？　それともツアー参加者が集まらないということですか？」

上司「予算はなんとかなるだろうが、参加者のほうはちょっと厳しいんじゃないか」

部下「部長ご自身はどう思われますか？　私としては、あの企画は幅広い世代に受けると思っているんですが」

上司「確かに世代を限定しない点はいい。今の時代にも受けるだろう……」

部下「では、なぜ参加者が集まらないと？」

上司「世代がバラバラになると、体力的に同じツアープランというのは難しい。年配者には辛いだろうし、若い世代には物足りないことにならないか？」

部下「その通りですね。では、年代別にプランをわけて検討してみます‼」

こうやって、**各問題を個別に切りわけて検討することで、全否定を部分否定に変えていくのです。**

このクラスター法は、数多くの企業のクレーム対応にも活用されている方法です。クレームをつけてくる人のなかには、怒りにまかせて話しているので「おたくの何もかもが気に入らない!!」と憤慨している人がいます。一方的に怒り続け、対応する側は謝り続けるしかないわけですが、いくら謝っても相手は気が収まらない。いちばん腹を立てている部分についてきちんと言及していないのですから、当然とも言えます。

こういうとき、よくよく聞いてみると、実際は何もすべてに対して腹を立てているわけではないことが多いのです。何か引き金となった原因はあるものの、うまく言えなかったり感情的になり過ぎていたりして、指摘できないだけというケースは多々見られます。そこでまず、どこがいちばん気に入らないのかをクラスター法で特定します。そしてそこに対してピンポイントで謝罪したほうが、相手の気持ちは収めやすくなるのです。

以前私は、都内のバーなどでパフォーマンスをしていました。そのとき、よく女性が男性に怒っている、カップルのケンカ場面を目にすることがあったのですが、見ていると、ケンカをしているときの男性の問題点がよくわかりました。

もっとも良くない男性のセリフが「俺はそんなに悪いことをした？」というもの。男性のみなさん、これは絶対に言ってはいけない台詞だと肝に銘じましょう（笑）。

なぜなら、そこにはダブルミーニングで「俺は悪いことをした覚えはないけど……」という言葉が隠れているからです。自分が何をしたかということにまったく気付いていないという事実を告白しているだけでなく、「いったい、なんなんだ？」という、彼女に対する苛立ちもチラチラ見えてしまう。彼女が余計に腹を立てるのは当然のことでしょう。

かといって「俺の何がダメだったの？」と平然と聞くのもNGです。先ほどの台詞と同じで、自分が悪い点に気付いていないと断言しているも同然ですから、彼女は「あなたのそこがダメなの！」と怒って帰ってしまう。そういう情景もよく目にしました。

こういうときこそクラスター法の出番です。何がどう悪いのか、ひとつずつ切り離して分析していけば、こういった争いの被害を最小限に抑えられるかもしれません。

「話法」のまとめ

メンタリズムのテクニックと併用して使用する会話術。

● 基本テクニック

初対面の相手には早口で上手に話す。
相手が息を吐いてリラックスしているときに説得する。
相手が何か食べ物や飲み物を飲み込むときに頼みごとをする。

● 主な話法

イエスセット

相手に「イエス」を言わせ続け、潜在心理に「ノー」を言わせにくくするよう仕向ける。

ノーセット

相手に「ノー」を言わせ続け、結果的に自分の要求を受け入れさせる。

バインド

相手が質問の答えとしてどちらを選んでも、自分の思い通りになるように答えの選択肢をしぼる。

クラスター法(分割法)

会話の問題点を細かく割り出し、良い部分を抽出する。

メンタリズムがあなたの人生を変える

最後まで読んでくださって、ありがとうございます。

この本を手にとってくれた方々のなかには、私のパフォーマンスを見たことがある方もいると思います。

私は人の心を言い当てます。離れた場所で誰かと同時に同じ絵を描いてみせます。次に相手がどんなポーズをするのか当てたり、初対面の人の中学時代の初恋相手の名前をスラスラと書いてみせたりします。まだ起きていない未来の他人の行動が予測できたり、袋のなかの品物を言い当てたり、品物に触るだけでそれが誰の持ち物かを当てたりもします。

それらはすべて、私がメンタリズムで可能にしてきた事実です。

まるで超能力か魔法としか思えない数々のパフォーマンスですが、それらはすべて、人類が現在までに導き出した知恵や知識でできることです。

さすがに本書でパフォーマンスのやり方まで書いてしまうと、私は仕事をなくしてしまう可能性があるので（笑）、直接的な書き方はしませんでしたが、勘のいい人にはなんとなくその秘密がつかめるように書いた部分もあります。

いくつかは、わかりやすいように、それとなく前フリしてから書いた箇所もあります。何度も読み込んで見付けてみてください。

メンタリズムのすごいところは、どのテクニックも相手にまったく気付かれずに作用するということです。これは基盤になる学問が、コミュニケーション術や精神療法から発祥した心理学を取り入れているからだけでなく、エンターテイメントの現場で培われた技術ならではの特性かもしれません。

しかしながら、それゆえに非常に危険でパワフルな心理ツールでもあるといえます。

メンタリズムは相手に気付かれずに暗示・誘導を行います。それも日常の何気ない仕草や動作、ごく当たり前の会話自体に仕組まれてくるので、相手には逃れる術がありません。ですから、メンタリズムを熟知した者が日常にそれを取り入れて暮らしたら……。その人は、他人の心を自由にコントロールし、思うままに操ることも不可能ではないということです。

本書ではメンタリズムについて、なるべくわかりやすく解説しようとつとめましたが、なかには難しいものもあったと思います。

実際に今の私のパフォーマンス自体も100％成功するわけではありません。成功率は9割強といったところでしょうか。人間の心を相手にするものですから、もちろん失敗もしますし、なかなかうまくいかないときもあります。

しかし上達のコツはひとつしかありません。とにかく覚えたテクニック、理論を毎日毎日使い続けること。そうすることで、あなたは無意識に呼吸するかのようにメンタリズムを使えるようになり、次第に人の心を思い通りにコントロールする「メンタリスト」に近付くはずです。

このテクニックの使い方はあなた次第です。さあ、メンタリズムの7つの法則を活用して、すばらしい人生を作り上げていってください。

あなたの人生は変わります。100％とは言い切ることはできませんが、私のメンタリズムの成功率と同じぐらいの確率できっと変われるはずです。

DaiGo

参考文献

・ジェイ・ヘイリー『アンコモンセラピー』二瓶社、2001
・ラマー・キーン『サイキック・マフィア』太田出版、2001
・工藤力『しぐさと表情の心理分析』福村出版、1999
・D.アーチャー『ボディ・ランゲージ解読法』誠信書房、1988
・匠英一『しぐさで見抜く相手のホンネ』扶桑社、2008
・渋谷昌三『外見だけで性格を見抜く技術』幻冬舎、2009
・イゴール・レドチャウスキー『催眠誘導ハンドブック』金剛出版、2009
・石井裕之『なぜ、占い師は信用されるのか？』フォレスト出版、2005
・石井裕之『コミュニケーションのための催眠誘導』光文社、2006
・齋藤勇『心理分析ができる本』三笠書房、1997
・千葉英介『心の動きが手にとるようにわかるNLP理論』明日香出版社、2003
・林貞年『催眠術のかけ方』現代書林、2003
・林貞年『催眠術の極意』現代書林、2006
・林貞年『催眠術の極め方』現代書林、2008
・山中康裕『ユング心理学』PHP研究所、2007
・Ekman,Paul & Wallace V.Friesen,UNMASKING THE FACE.MALORY BOOKS,1975
・Ekman,Paul.Telling Lies.W*W*NORTON,1992
・Ekman,Paul.Emotions Revealed.TIMES BOOKS,2003
・Ekman,Paul.Facial Expressions.American Psychologist.Vol.48,No.4,384-392
・Ekman,Paul.Why Don't We Catch Liars?.Social Research. Vol.63,No.3,801-817,1996
・Ekman,Paul & L.Rosenberg,Erika.What The Face Reveals.Oxford University Press,1997
・Silver,Tom.Ultimate Shock Induction(Video)
・Silver,Tom.Secret of Shock and Instant Induction(Video)
・Hunter,Rudy.Tree Reading(Video)
・Jaquin,Anthony.Reality is Plastic.UKHTC,2007
・O'Hanlon,William Hudson,& Martin,Michael. Solution-Oriented Hypnosis.1992
・O'Hanlon,William Hudson.Taproots.Underlying Principles of Milton
・Erickson's Therapy and Hypnosis.New York: Norton,1987
・Zeig,Jeffrey K.Experiencing Erickson.New York: Brunner/Mazel,1985.
・Zeig,Jeffrey K.A Teaching Seminar With Milton H. Erickson. NewYork:Brunner/Mazel,1980.
・Haley,Jay.Uncommon Therapy.New York: Norton,1973.
・Haley,Jay.Conversations with Milton H.Erickson, M.D.Vol.1&2.NewYork:Triangle,1985

・Riggs,John.Fat-Free Mentalism.
・Riggs,John.The complete Fortune Teller.
・Stagnaro, Angelo.Something from Nothing.
・Stagnaro, Angelo.European Mentalism Lecture.2005
・SB.Anderson,George.Dynamite Mentalism.1979.
・Rowland,Ian.Full Facts Book of Cold Reading 3rd Edition.2002
・Knepper,Kenton & J.Tank,Completely Cold
・Knepper,Kenton.SAR
・Knepper,Kenton.Miracles of Suggestion.2002.
・Knepper,Kenton & The S.E.C.R.T,School.Mind Reading.2005
・Knepper,Kenton & Steven Sikes,Rex.Wonder Readings.1999
・Knepper,Kenton.Wonder Words 1
・Knepper,Kenton.Wonder Words 2
・Knepper,Kenton.Wonder Words 3
・Dewey,Herb.Mindblowing Psychic Readings
・Dewey,Herb.Psycho-Babble
・Dewey,Herb & K.Saville Thomas.King of Cold Readers
・Dean,Jeremy.How to be creative
・Webster,Richard.Quick and Effective Cold Reading
・Webster,Richard.Commercial Cold Reading(Audio)
・Webster,Richard.Further Commercial Cold Reading(Audio)
・Trickshop.MASTERING HYPNOSIS,2001.
・Brown,Derren.Tricks of the Mind.2007.
・Corinda.Thirteen Step to Mentalism,1986.
・Wiseman,Richard.Quickology How We Discover The Big Truths In Small Things
・Crouter,Fred,The Inner Secret of Cold Reading
・TRADECRAFT.The Art and Science of Cold Reading
・Hyman,Ray.Cold Reading:How To Convince Strangers That You Know About Them
・Jakutsch,Jas.Completely Mental 1,1999.
・Jakutsch,Jas.Completely Mental 2,1999.
・Jakutsch,Jas.Completely Mental 3,1999.
・Christopher,Milbourne.Mediums,Mystics and the Occult,1975.
・Henderson,Brad.The Dance
・Kross, Ford.Suggestive Mentalism
・Mann,Al.High Domain
・A. Nelson, Robert.The Art of Cold Reading
・A. Nelson, Robert.A Sequel to the Art of Cold Reading

本書は二〇一一年九月に刊行された『誰とでも心を通わせることができる7つの法則』（ワニブックス）を改題のうえ、文庫化したものです。

メンタリスト DaiGo

ジェネシスヘルスケア株式会社顧問。新潟リハビリテーション大学特任教授。慶応義塾大学理工学部物理情報工学科卒。人の心を作ることに興味を持ち、人工知能記憶材料系マテリアルサイエンスを研究。英国発祥のメンタリズムを日本のメディアに初めて紹介し、日本唯一のメンタリストとしてTV番組に出演。また現在では、企業を対象にしたコンサルティングやセミナー、プロダクト開発を手がける。ビジネスや話術から、恋愛や子育てまで幅広いジャンルで人間心理をテーマにした著書は、累計160万部を超える。

眉村神也

メンタリズム研究会スリーコール代表。1969年生まれ、京都出身。

2002年、海外で第３次ブームが起きる前夜。YOUTUBEで偶然見つけた海外メンタリストのパフォーマンスに惹かれメンタリズム研究を開始。2005年から自身もパフォーマンスを行う。2009年、メンタリストDaiGoと共にメンタリズムを日本に送り出す。

「超常現象を科学で再現する」「これがメンタリズムです！」など一瞬で相手に伝わるキャッチコピーやメディアで披露されたパフォーマンスを考案し、「比較されない唯一無二を築くブランディング」を信条にわずか3年でメンタリストDaiGoを有名人にした手腕を買われ、大手芸能プロダクションや有名企業から招聘されてレクチャーや講演会を展開。軽妙な語り口とパフォーマンスを絡めた内容が人気を博し、メンタリズムスキルの普及と指導・教育に力を入れている。

メンタリズム研究会スリーコール公式YOUTUBE
https://www.youtube.com/channel/UCxuEW3fPHU6vxehTd9DxL_Q
眉村神也.info
http://jinya-mymr.blogspot.com/

出演・講演についてはvillage3shop@gmail.comまで

中経の文庫

DaiGoメンタリズム
誰とでも心を通わせることができる7つの心理法則

2017年 8 月10日　初版発行
2018年 9 月10日　再版発行

著者／メンタリストDaiGo《だいご》　眉村神也《まゆむらじんや》

発行者／川金正法

発行／株式会社KADOKAWA
〒102-8177　東京都千代田区富士見2-13-3
電話　0570-002-301（ナビダイヤル）

印刷・製本／暁印刷

KADOKAWAカスタマーサポート
［電話］0570-002-301（土日祝日を除く11時〜17時）
［WEB］https://www.kadokawa.co.jp/（「お問い合わせ」へお進みください）
※製造不良品につきましては上記窓口にて承ります。
※記述・収録内容を超えるご質問にはお答えできない場合があります。
※サポートは日本国内に限らせていただきます。

定価はカバーに表示してあります。

ISBN 978-4-04-602038-3　C0130